Magnus Drescher

GmbH 2009

Ein Führer durch das neue Recht

Magnus Drescher

GmbH 2009

www.eh-verlag.de

Drescher, Magnus

GmbH 2009

Ein Führer durch das neue Recht

1. Auflage 2009 | ISBN: 978-3-941482050

© Europäischer Hochschulverlag GmbH & Co KG,
Bremen. Alle Rechte vorbehalten.

Die Deutsche Bibliothek verzeichnet diesen Titel in
der Deutschen Nationalbibliografie. Bibliografische
Daten sind unter http://dnb.ddb.de abrufbar.

Inhaltsverzeichnis

I.	Das neue GmbH-Recht	6
II.	Die Änderungen im Überblick	7
1.	Erleichterung der Kapitalaufbringung und Übertragung von Geschäftsanteilen	7
2.	Unternehmergesellschaft	8
3.	Musterprotokolle	9
4.	Sachgründung	9
5.	Ein-Personen-GmbH	10
6.	Beschleunigung der Registereintragung	11
7.	Verlegung des Verwaltungssitzes ins Ausland	11
8.	Mehr Transparenz bei Gesellschaftsanteilen	12
9.	Gutgläubiger Erwerb von Gesellschaftsanteilen	12
10.	Erlaubnispflichtige Geschäfte	13
11.	Sicherung des Cash-Pooling	14
12.	Deregulierung des Eigenkapitalersatzrechts	14
13.	Bekämpfung von Missbräuchen	14
III.	Das Recht der GmbH	16
1.	Juristische Personen	16
2.	Alternativen zur GmbH	18
2.1.	Einzelunternehmer, Personengesellschaften	19
2.2.	Ausländische Gesellschaften	19
3.	Besondere Varianten der GmbH	21
3.1.	Die GmbH & Co KG	21
3.2.	Die Limited & Co KG	22
3.3.	Die Ein-Mann-GmbH	24
4.	Organe der GmbH	25
4.1.	Geschäftsführer	25
4.2.	Gesellschafterversammlung	27
4.3.	Freiwillige Organe	29
5.	Satzung	29
6.	Einzelfragen	30
6.1.	Stammkapital	30
6.2.	Haftungsbegrenzung, Durchgriffshaftung	37
6.3.	Anonymität	41
6.4.	Mehrstöckige GmbH, Konzern	43
6.5.	Die Unternehmergesellschaft	47

IV.	**Gründung einer GmbH**	**49**
1.	Beschleunigung der Gründung	49
1.1.	Eintragung auch ohne staatliche Genehmigung	50
1.2.	Umstellung auf elektronische Register	51
1.3.	Verzicht auf Sicherheitsleistungen bei Ein-Mann-Gesellschaften	51
1.4.	Muster-Protokolle	52
2.	Grundsätzliche Überlegungen vor der Gründung einer GmbH	52
2.1.	Struktur der GmbH	52
2.2.	Tätigkeitsbereich	53
2.3.	Wahl der richtigen Firma	54
2.4.	Gesellschafterkreis, Familiengesellschaft	55
2.5.	Geschäftsführer	56
3.	Formulierung der Satzung	58
4.	Der Notar	60
5.	Genehmigungen, Stellungnahmen	61
6.	Einzahlung des Stammkapitals	61
7.	Sachgründung	62
8.	Anmeldung zum Handelsregister	64
9.	Eintrag ins Handelsregister	65
10.	Gewerbeaufsicht, Finanzamt	66
11.	Kosten und Gebühren	67
11.1.	Notar	67
11.2.	Register	68
11.3.	Andere Stellen	68
11.4.	Rechtsanwalt	69
12.	GmbH in Gründung	69
13.	Vorgründungs-Gesellschaft	71
14.	Haftungsbeschränkung vor Eintragung	71
V.	**Kauf einer GmbH**	**73**
1.	Vorratsgesellschaften	73
2.	Übernahme einer Alt-GmbH	75

Abkürzungsverzeichnis

a.A.	anderer Ansicht
Abs.	Absatz
AG	Aktiengesellschaft
AktG	Gesetz über Aktiengesellschaften
Anh.	Anhang
Art.	Artikel
BayObLG	Bayerisches Oberstes Landesgericht
BB	Betriebsberater
BFH	Bundesfinanzhof
BFH	Bundesfinanzhof
BGB	Bürgerliches Gesetzbuch
BGB	Bürgerliches Gesetzbuch
BGH	Bundesgerichtshof
BGH Z	Sammlung des Bundesgerichtshofs in Zivilsachen
BNotO	Bundesnotarordnung
BRAGO	Bundesrechtsanwaltsgebührenordnung
BSG	Bundessozialgericht
BStBl	Bundessteuerblatt
DIHT	Deutscher Industrie- und Handelstag
DNotZ	Deutsche Notarzeitung
e.G.	Eingetragene Genossenschaft
e.V.	Eingetragener Verein
EHUG	**Gesetz über das elektronische Handelsregister und Genossenschaftsregister sowie das Unternehmensregister**
EGBGB	Einführungsgesetz zum Bürgerlichen Gesetzbuch
EStG	Einkommenssteuergesetz
EU	Europäische Union
EuGH	Europäischer Gerichtshof
f.	folgende
ff.	fortfolgende
FG	Finanzgericht
GesR	Gesellschaftsrecht
GewStG	Gewerbesteuergesetz
GmbH	Gesellschaft mit beschränkter Haftung
GmbHG	GmbH-Gesetz
GmbHR	GmbH-Rundschau
HGB	Handelsgesetzbuch
i.V.m.	In Verbindung mit
KG	Kommanditgesellschaft
KGaA	Kommanditgesellschaft auf Aktien
Komm.	Kommentar
KostO	Kostenordnung
KStG	Körperschaftssteuergesetz

Limited	Private Company limited by shares
m.w.N.	mit weiteren Nachweisen
MoMiG	**Gesetz zur Modernisierung des GmbH-Rechts und zur Bekämpfung von Missbräuchen**
NJW	Neue Juristische Wochenschrift
NJW-RR	Rechtsprechungsübersicht der NJW
NZG	Neue Zeitschrift für Gesellschaftsrecht
oHG	offene Handelsgesellschaft
OLG	Oberlandesgericht
Rs	Rechtssache
RVG	Rechtsanwaltsvergütungsgesetz
Rz.	Randziffer

I. DAS NEUE GMBH-RECHT

Bis in die 1990er Jahre hinein war die GmbH durch die nationale Gesetzgebung vor jeglichem Wettbewerb geschützt - sie musste zwingend ihren Sitz in Deutschland haben. Und ausländische Gesellschaftsformen gab es hierzulande nicht, die Rechtsprechung lehnte sie unisono ab.

Dies änderte sich, als der Europäische Gerichtshof im Jahre 2003 entschied, dass das Prinzip der Niederlassungsfreiheit nicht nur für natürliche, sondern auch für juristische Personen gilt – mit der Folge, dass die moderne, rasch zu gründende und ohne Stammkapital operierende englische „Limited" auch hierzulande rasante Verbreitung fand.[1]

Gut fünf Jahre später hat der deutsche Gesetzgeber reagiert und das Gesetz zur Änderung des Rechts der GmbH („MoMiG") beschlossen. Der erste Vorstoß, im Wege des sog. Mindestkapitalgesetzes ähnliches bereits zum Jahreswechsel 2005/2006 umzusetzen,[2] scheiterte letztlich an den politischen Verhältnissen vor den vorgezogenen Bundestagswahlen.

Die Änderungen zielen deutlich auf die „Limited" als gesellschaftsrechtlichem Vorbild hin. Schnellere Gründung, insgesamt weniger Formalitäten – das alles sind Merkmale, die für die „Limited" charakteristisch sind. Dabei ist die „Limited" ohnehin nur eine Protagonistin einer ganzen Reihe anderer ähnlich gestrickter Gesellschaftsformen etwa in Frankreich und Spanien, die im Grunde nur die sich jetzt abzeichnende Entwicklung in Deutschland vorweggenommen haben.

---

[1] EuGH Urt. v. 30.09.2003 Rs C-167/01 (*Inspire Art Limited*) und EuGH Urt. v. 05.11.2002 Rs C-208/00 (*Überseering*)

[2] Referentenentwurf zum Mindestkapitalgesetz vom 15.04.2005, Abdruck bei *Degenhardt, Der einfachste Weg zur eigenen GmbH*, 3. Auflage 2005 (ISBN: 3-937686-37-1)

II. DIE ÄNDERUNGEN IM ÜBERBLICK

Das **Gesetz zur Modernisierung des GmbH-Rechts und zur Bekämpfung von Missbräuchen ("MoMiG")**[3] sieht im Wesentlichen folgende Änderungen vor:

1. Erleichterung der Kapitalaufbringung und Übertragung von Geschäftsanteilen

Das Mindeststammkapital der GmbH wird - entgegen allen bisherigen Entwürfen und Erwartungen - nicht von den althergebrachten 25.000 Euro herabgesetzt.

Dagegen werden die Gesellschafter künftig individueller über die jeweilige Höhe ihrer Stammeinlagen bestimmen und sie dadurch besser ach ihren Bedürfnissen und finanziellen Möglichkeiten ausrichten können. Bislang muss die Stammeinlage mindestens 100 Euro betragen und darf nur in Einheiten von mindestens 50 Euro aufgeteilt werden. Die Neuregelung sieht vor, dass jeder Geschäftsanteil nur noch auf einen Betrag von mindestens einem Euro lauten muss. Vorhandene Geschäftsanteile können so künftig leichter gestückelt werden.

Die Flexibilisierung setzt sich bei der Übertragung von Geschäftsanteilen fort. Sie wird erleichtert. So wird das Verbot, bei der Errichtung der Gesellschaft mehrere Geschäftsanteile zu übernehmen, aufgehoben werden. Auch das Verbot, mehrere Teile von Geschäftsanteilen gleichzeitig an denselben Erwerber zu übertragen, wird fallen.

---

[3] Gesetzentwurf vom 23.05.08 in der Fassung vom 26.08.08, abgedruckt unter bmj.bund.de

2. Unternehmergesellschaft

Um den Bedürfnissen von Existenzgründern, die am Anfang nur kaum Stammkapital haben (z.B. im Dienstleistungsbereich) zu entsprechen, bringt der Entwurf eine „Einstiegsvariante" der GmbH, die haftungsbeschränkte Unternehmergesellschaft.[4]

Es handelt sich hier um eine GmbH, die sich zunächst von einer „normalen" GmbH nur dadurch unterscheidet, dass sie über ein Stammkapital von unter 25.000 Euro verfügt.

Im Gegenzug hat der Unternehmer folgende Restriktionen zu beachten:

Das Stammkapital muss vor Eintragung voll bar eingezahlt sein,[5] die Gesellschaft muss den Zusatz „Unternehmergesellschaft (haftungsbeschränkt)" oder „UG (haftungsbeschränkt)" führen,[6] und in der Bilanz des Jahresabschlusses ist eine gesetzliche Rücklage zu bilden, in die ein Viertel des um einen Verlustvortrag aus dem Vorjahr geminderten Jahresüberschusses einzustellen ist. Die Rücklage darf nur die Umwandlung in Stammkapital verwandt werden.[7] Dies gilt so lange, bis das Mindest-Stammkapital einer „normalen" GmbH erreicht ist. Danach kann die Gesellschaft den herkömmlichen Zusatz „GmbH" führen, muss es aber nicht.[8]

Abweichend von § 49 Abs. 3 GmbHG muss die Versammlung der Gesellschafter bei drohender Zahlungsunfähigkeit unverzüglich einberufen werden.[9]

---

[4] § 5a GmbHG neu
[5] § 5a Abs. 2 GmbHG neu
[6] § 5a Abs. 1 GmbHG neu
[7] § 5a Abs. 3 GmbHG neu
[8] § 5a Abs. 5 GmbHG neu
[9] § 5a Abs. 4 GmbHG neu

3. Musterprotokolle

Für unkomplizierte Standardgründungen werden zukünftig zwei Musterprotokolle zur Verfügung gestellt, die drei Dokumente (Satzung, Geschäftsführerbestellung und Gesellschafterliste) zusammenfassen und Kosten beim Notar sparen helfen.

Voraussetzung hierfür sind eine Bargründung der Gesellschaft und eine Beschränkung auf höchstens drei Gesellschafter.

Ursprünglich war im Referentenentwurf der Bundesregierung vorgesehen, dass bei Verwendung eines Muster-Gesellschaftsvertrages keine notarielle Beurkundung des Gesellschaftsvertrages, sondern lediglich eine öffentliche Beglaubigung der Unterschriften erforderlich sein sollte.[10] Der Mustervertrag sollte durch Muster für die Handelsregisteranmeldung flankiert werden (sog. „Gründungs-Set"). So hätten in den genannten Fällen sämtliche Schritte bis zur Eintragung in das Handelsregister ohne zwingende rechtliche Beratung bewältigt werden können. Dieses Vorhaben ist nicht umgesetzt worden, die Verwendung der nunmehr vorgesehenen Musterprotokolle ist vergleichsweise unbedeutend und führt weder zu einer merklichen Beschleunigung noch zu einer wesentlichen Kostenreduzierung.

4. Sachgründung

Die Aufbringung des Stammkapitals durch Sacheinlagen hat in der Vergangenheit bei kleinen GmbHs kaum eine Rolle gespielt.

Hintergrund war vor allem das durch die Rechtsprechung geschaffene Rechtsinstitut der „verdeckten Sacheinlage". Eine verdeckte Sacheinlage liegt vor, wenn zwar formell eine Bar-

---

[10] § 2 Abs. 1 a GmbHG neu

einlage vereinbart und geleistet wird, die Gesellschaft bei wirtschaftlicher Betrachtung aber einen Sachwert erhalten soll. Die für die Praxis nur schwer nachzuvollziehenden Vorgaben der Rechtsprechung zur verdeckten Sacheinlage sowie die einschneidenden Rechtsfolgen, die dazu führen, dass der Gesellschafter im Insolvenzfall seine Einlage häufig zweimal leisten muss, sind umstritten.

Der Entwurf sieht daher vor, dass die Gesellschafter künftig auch mit einer „verdeckten Sacheinlage" ihre Verpflichtung gegenüber der Gesellschaft erfüllen können.[11] Der Gesellschafter muss aber nachweisen, dass der Wert der verdeckten Sacheinlage den Betrag der geschuldeten Bareinlage erreicht hat. Kann er das nicht, muss er die Differenz erneut aufbringen.[12]

5. Ein-Personen-GmbH

Die Ein-Mann-GmbH gibt es in Deutschland seit dem Jahr 1980. In der Praxis ist sie in Deutschland bis heute im Rahmen der Gründung insoweit gegenüber der Mehr-Personen-Gründung benachteiligt, als dass die Möglichkeit der Halbierung des einzuzahlenden Stammkapitals nicht bzw. nur nach Stellung werthaltiger Sicherheiten bestand (§ 7 Abs. 2 Satz 3, § 19 Abs. 4 GmbHG). Hier wird zukünftig auf die Stellung besonderer Sicherheitsleistungen verzichtet. Die Ein-Mann-Gründung wird daher der Mehr-Personen-Gründung gleichgestellt, auch der Ein-Mann-Gründer kann mit einem halben Bar-Stammkapital eine GmbH gründen, ohne für den Rest des Stammkapitals eine Sicherheit zu stellen.

Es wird im Übrigen im MoMiG klargestellt, dass das Gericht bei der Gründungsprüfung nur dann die Vorlage von Einzah-

---

[11] § 19 Abs. 4 GmbHG neu
[12] § 8 Abs. 2 GmbHG neu

lungsbelegen oder sonstigen Nachweise verlangen kann, wenn es erhebliche Zweifel hat, dass das Kapital ordnungsgemäß aufgebracht wurde.

6. Beschleunigung der Registereintragung

Um die Handelsregistereintragung von Gesellschaften zu erleichtern, deren Unternehmensgegenstand genehmigungspflichtig ist, wird das Eintragungsverfahren von der verwaltungsrechtlichen Genehmigung abgekoppelt. Bislang kann eine solche Gesellschaft nur dann in das Handelsregister eingetragen werden, wenn bereits bei der Anmeldung zur Eintragung die staatliche Genehmigungsurkunde vorliegt

Beschleunigt wird insbesondere die Gründung von Ein-Personen-GmbHs. Hier wird künftig auf die Stellung besonderer Sicherheitsleistungen verzichtet.

Die zur Gründung der GmbH erforderlichen Unterlagen können nur noch elektronisch beim Handelsregister eingereicht werden. Eine notarielle Beglaubigung der Anmeldungen bleibt jedoch erforderlich. Der Notar übermittelt die Anmeldung und die weiteren Dokumente über das elektronische Gerichtspostfach elektronisch an das zuständige Registergericht. Dort können die Daten unmittelbar in die Register übernommen werden, was erheblich zur Beschleunigung beiträgt. Über Anmeldungen zur Eintragung soll unverzüglich entschieden werden. Handelsregistereintragungen sollen nur noch elektronisch bekannt gemacht werden.

7. Verlegung des Verwaltungssitzes ins Ausland

Als ein Wettbewerbsnachteil wird angesehen, dass EU-Auslandsgesellschaften nach der Rechtsprechung des EuGH ihren Verwaltungssitz in einem anderen Staat – also auch in Deutschland – wählen können. Umgekehrt haben deutsche

Gesellschaften diese Möglichkeit bislang nicht. Durch die Streichung des § 4a Abs. 2 GmbHG soll es deshalb deutschen Gesellschaften ermöglicht werden, einen Verwaltungssitz zu wählen, der nicht notwendig mit dem Satzungssitz übereinstimmt. Dieser Verwaltungssitz kann auch im Ausland liegen. In Deutschland genügt eine Zustelladresse.

8. Mehr Transparenz bei Gesellschaftsanteilen

Nach dem Vorbild des Aktienregisters soll künftig nur derjenige als Gesellschafter gelten, der in die Gesellschafterliste eingetragen ist. So können Geschäftspartner der GmbH lückenlos und einfach nachvollziehen, wer hinter der Gesellschaft steht.

Veräußerer und Erwerber von Gesellschaftsanteilen erhalten einen Anreiz, die Gesellschafterliste aktuell zu halten. Der eintretende Gesellschafter erhält einen Anspruch darauf, in die Liste eingetragen zu werden. Weil die Struktur der Anteilseigner transparenter wird, lassen sich Missbräuche wie zum Beispiel Geldwäsche besser verhindern.

9. Gutgläubiger Erwerb von Gesellschaftsanteilen

Die rechtliche Bedeutung der Gesellschafterliste wird noch in anderer Hinsicht erheblich ausgebaut: Die Gesellschafterliste dient als Anknüpfungspunkt für einen gutgläubigen Erwerb von Geschäftsanteilen.[13]

Wer einen Geschäftsanteil erwirbt, soll künftig darauf vertrauen dürfen, dass die in der Gesellschafterliste verzeichnete Person auch wirklich Gesellschafter ist.

---

[13] §§ 16, 40 GmbHG neu

Ist eine unrichtige Eintragung in der Gesellschafterliste für mindestens drei Jahre unbeanstandet geblieben, so gilt der Inhalt der Liste dem Erwerber gegenüber als richtig. Entsprechendes gilt für den Fall, dass die Eintragung zwar weniger als drei Jahre unrichtig, die Unrichtigkeit dem wahren Berechtigten aber zuzurechnen ist.

Die vorgesehene Regelung schafft deutlich mehr Rechtssicherheit und senkt damit die Transaktionskosten. Bislang geht der Erwerber eines Geschäftsanteils das Risiko ein, dass der Anteil einem anderen als dem Veräußerer gehört. Die Neuregelung führt damit zu einer erheblichen Erleichterung für die Praxis bei Veräußerung von Anteilen auch älterer GmbHs.

10. Erlaubnispflichtige Geschäfte

Gesellschaften, deren Geschäftsgegenstand z.B. nach den Vorschriften der Gewerbeordnung der vorherigen Genehmigung bedarf, werden bislang erst in das Handelsregister eingetragen, wenn die Genehmigung der Verwaltungsbehörde vorlag (§ 8 Abs. 1 Nr. 6 GmbHG). Das betrifft zum Beispiel Restaurantbetriebe oder Bauträger, die eine gewerberechtliche Erlaubnis brauchen und führte oftmals zu erheblichen Verzögerungen bei der Gründung der Gesellschaft, die wiederum erhebliche Nachteile für den Unternehmer nach sich ziehen konnten, wenn dieser etwa vor Aufnahme der erlaubnispflichtigen Tätigkeit bereits Investitionen tätigte und hierfür dann persönlich haftete.

Zukünftig wird das Eintragungsverfahren vollständig von der verwaltungsrechtlichen Genehmigung abgekoppelt. Danach müssen GmbHs wie Einzelkaufleute und Personenhandelsgesellschaften keine Genehmigungsurkunden mehr beim Registergericht einreichen, die Eintragung in das Handelsregister erfolgt unabhängig und unbeschadet der verwaltungsrechtlichen Genehmigung. Die Haftungsbeschränkung ist daher zukünftig bereits vor dem Vorliegen der Erlaubnis herzustellen.

11. Sicherung des Cash-Pooling

Ferner soll das bei der Konzernfinanzierung international gebräuchliche Cash-Pooling gesichert und auf eine verlässliche Rechtsgrundlage gestellt werden. Cash-Pooling ist ein Instrument zum Liquiditätsausgleich zwischen den Unternehmensteilen im Konzern. Für Existenzgründer spielt es keine Rolle.

12. Deregulierung des Eigenkapitalersatzrechts

Von besonderer praktischer Bedeutung – auch für bestehende Gesellschaften – ist die Deregulierung des Eigenkapitalersatzrechtes. Die komplex gewordene Materie des Eigenkapitalersatzrechts wird erheblich vereinfacht und grundlegend dereguliert.

Beim Eigenkapitalersatzrecht geht es darum, ob Kredite, die Gesellschafter ihrer GmbH geben, als Darlehen oder als Eigenkapital behandelt werden. Das Eigenkapital steht in der Insolvenz hinter allen anderen Gläubigern zurück. Grundgedanke der Neuregelung ist, dass die Organe und Gesellschafter der gesunden GmbH einen einfachen und klaren Rechtsrahmen vorfinden sollen. Dazu werden die Rechtsprechungs- und Gesetzesregeln über die kapitalersetzenden Gesellschafterdarlehen im Insolvenzrecht neu geordnet; die Rechtsprechungsregeln nach § 30 GmbHG werden aufgehoben. Eine Unterscheidung zwischen „kapitalersetzenden" und „normalen" Gesellschafterdarlehen wird es danach im Regelfall nicht mehr geben.

13. Bekämpfung von Missbräuchen

Die aus der Praxis übermittelten Missbrauchsfälle im Zusammenhang mit der Rechtsform der GmbH sollen durch verschiedene Maßnahmen bekämpft werden:

1. Die Rechtsverfolgung gegenüber Gesellschaften soll beschleunigt werden. Das setzt voraus, dass die Gläubiger wissen, an wen sie sich wegen ihrer Ansprüche wenden können. Deshalb muss zukünftig in das Handelsregister eine zustellungsfähige Geschäftsanschrift eingetragen werden. Wenn unter dieser eingetragenen Anschrift eine Zustellung unmöglich ist, wird die Möglichkeit verbessert, eine öffentliche Zustellung im Inland zu bewirken.

2. Die Gesellschafter werden im Falle der Führungslosigkeit der Gesellschaft verpflichtet, bei Zahlungsunfähigkeit und Überschuldung einen Insolvenzantrag zustellen. Hat die Gesellschaft keinen Geschäftsführer mehr, muss jeder Gesellschafter an deren Stelle Insolvenzantrag stellen, es sei denn, er hat vom Insolvenzgrund und von der Führungslosigkeit keine Kenntnis. Die Insolvenzantragspflicht soll durch ein Abtauchen der Geschäftsführer nicht umgangen werden können.

3. Geschäftsführer, die Beihilfe zur Ausplünderung der Gesellschaft durch die Gesellschafter leisten und dadurch die Zahlungsunfähigkeit der Gesellschaft herbeiführen, sollen stärker in die Pflicht genommen werden. Dazu wird das sog. Zahlungsverbot in § 64 GmbHG geringfügig erweitert.

4. Die bisherigen Ausschlussgründe für Geschäftsführer werden um Verurteilungen wegen er Straftatbestände der §§ 399 bis 401 Abs. 1 AktG und §§ 82, 84 Abs. 1 GmbHG erweitert. Zum Geschäftsführer kann also nicht mehr bestellt werden, wer gegen zentrale Bestimmungen des Wirtschaftsstrafrechts verstoßen hat.

III. DAS RECHT DER GMBH

1. Juristische Personen

Die GmbH ist eine juristische Person. Hierunter versteht man Konstruktionen mit eigener Rechtspersönlichkeit. Da zunächst nur natürlichen Personen eine eigene Rechtspersönlichkeit zukommt, sind juristische Personen eine Ausnahme von der Regel und können folglich nur dort entstehen, wo der Gesetzgeber sie explizit erlaubt. Die ausländischen Rechtsordnungen demokratischer Staaten kennen durchweg eng verwandte Gesellschaftsformen.[14] Hinzu kommt nunmehr die Unternehmergesellschaft als Sonderform der GmbH.

Die GmbH erfreut sich in Deutschland großer Beliebtheit, Wer hierzulande mit möglichst geringem Einsatz eine juristische Person zu gewerblichen Zwecken einsetzen will, kommt an der GmbH kaum nicht vorbei. Die GmbH ist das klassische Instrument des Mittelstandes. Hieran hat auch das Vordringen der „Limited" nichts geändert.

Der Vorteil juristischer Personen besteht zunächst darin, dass sie über eine eigene Rechtspersönlichkeit verfügt. Sie hat eigene Rechte und Pflichten, unabhängig von den hinter ihr stehenden Personen, den Gesellschaftern. Sie kann klagen und verklagt werden, verfügt über eigene Bankkonten und Angestellten, kann in Insolvenz gehen - kurz, sie ist von ihren Gesellschaftern im Rechtsverkehr mit Dritten weitgehend unabhängig. Das Risiko der Gesellschafter ist theoretisch auf ihre Beteiligung an der Gesellschaft beschränkt.

---

[14] z.B. Limited und PLC in England, S.A. und S.A.R.L. in Frankreich

Ein entscheidender Vorteil der GmbH ist die Haftungsbegrenzung.[15] Die Gesellschaft haftet Dritten nur mit ihrem eigenen Vermögen, nicht aber mit dem ihrer Gesellschafter oder Organe. Wenn beispielsweise hohe Gewährleistungsansprüche drohen, trifft es nur die Gesellschaft, nicht jedoch die Gesellschafter.

Die Bundesregierung verfolgte mit der Zulassung von Kapitalgesellschaften auch ganz andere Ziele. Unter anderem war das der Schutz der Gläubiger der Gesellschaft. Diese sollten durch eine angemessene finanzielle Ausstattung der Kapitalgesellschaft immer Zugriff auf hinreichendes Vermögen haben, um ihre Forderungen befriedigen zu können. Dies nützt letztlich nicht nur dem Gläubiger, sondern auch der Gesellschaft und damit dem Gesellschafter: So wird die Gesellschaft z. B. kreditwürdig.

Die Praxis hat jedoch gezeigt, dass dies nicht funktioniert. Es wurde mittlerweile jeder denkbare Versuch unternommen, den Gesellschaften ihr Stammkapital zu entziehen. Für viele Gesellschafter gerade kleiner Unternehmen ist das Stammkapital nichts weiter als totes Kapital, das man an anderen Orten viel besser einsetzen kann. Versuche von Gesetzgeber und Justiz, dies zu unterbinden (etwa durch Vorschriften über Kapitalerhalt,[16] kapitalersetzende Darlehen[17] oder die Rechtsprechung zur Durchgriffshaftung bei qualifizierter Unterkapitalisierung[18]), sind weitgehend ins Leere gelaufen und werden daher nun auch teilweise aufgehoben.

In Ländern mit Gesellschaften ohne Mindestkapitalausstattung wird der Gläubigerschutz in der Regel ausschließlich durch Publizität (der Beteiligungs- und Vertragsverhältnisse) und

---

[15] § 13 Abs. 2 GmbHG
[16] §§ 30 ff GmbHG
[17] §§ 32a f GmbHG
[18] grundlegend: BGHZ 31, 270 f, im Einzelnen siehe: Kapitel IV 6.2

harte Regeln für die Durchgriffshaftung auf das Vermögen der handelnden Personen bei Verstößen hiergegen sichergestellt, wobei die Wirklichkeit bewiesen hat, dass effektiver Gläubigerschutz in kleinen Kapitalgesellschaften ohnehin nicht zu gewährleisten ist. Nicht umsonst wird der Hinweis auf die Rechtsform der Kapitalgesellschaft gemeinhin als Warnhinweis verstanden.[19] Mit der Einführung der Unternehmergesellschaft ohne Stammkapital wird diese Entwicklung noch verschärft.

GmbHs müssen Bilanzen, Jahresabschlüsse und unter Umständen auch Lageberichte fertigen[20] und diese in aller Regel auch hinterlegen[21]. Der Abschluss muss geprüft werden, wenn es sich nicht um ein kleines Unternehmen handelt.[22] GmbHs unterliegen der Körperschaftsteuer[23] und haben immer und unabhängig von ihrem Geschäftszweck die Kaufmannseigenschaft.[24] Ihr kaufmännischer Betrieb ist daher wesentlich aufwändiger als der eines vergleichbaren Einzelunternehmers.

2. Alternativen zur GmbH

Die GmbH ist die einfachste und damit (relativ) am wenigsten aufwendige deutsche Kapitalgesellschaft und aus diesem Grund weitestgehend konkurrenzlos, will man im Inland Vorteil aus der Rechtsfigur der juristischen Person ziehen.

---

[19] siehe Baumbach/Hueck, GmbHG, § 4 Rz. 14 f.
[20] § 42 GmbHG, §§ 242 ff, 264 ff HGB
[21] § 325 HGB
[22] §§ 326 i.V.m. § 267 HGB
[23] § 1 KStG
[24] z.B. § 13 Abs. 3 GmbHG für die GmbH

2.1. Einzelunternehmer, Personengesellschaften

Wer sein Erwerbsgeschäft als natürliche Person führt, haftet mit seinem gesamten Privatvermögen. Es gibt keine Trennung. Dies stellt also gerade keine Alternative zur Nutzung einer GmbH dar.

Auch die Kommanditgesellschaft (KG) und die offene Handelsgesellschaft (oHG) stellen zumeist keine Alternativen zur Nutzung einer GmbH dar.

In beiden Fällen schließen sich Gesellschafter zum Betrieb eines Handelsgewerbes zusammen, die aber für Verbindlichkeiten der Gesellschaft in vollem Umfang persönlich (oHG) bzw. z. T. beschränkt auf die geleistete Kommanditeinlage (Kommanditisten einer KG) haften. Auch bei einer KG haftet der Komplementär aber immer unbeschränkt und persönlich für die Verbindlichkeiten der Gesellschaft. KG und oHG sind daher gerade keine Alternative zur GmbH, will man eine wirksame Vermögenstrennung herbeiführen.

Anders sieht es bei der GmbH & Co KG aus. Hier dient eine GmbH als Komplementär mit der Folge, dass nur die GmbH und niemand sonst persönlich haftet. Diese Folge ergibt sich freilich nicht aus dem Wesen der KG, sondern aus dem der beteiligten GmbH. Die GmbH und Co. hat denn auch keine haftungsrechtlichen, sondern vielmehr steuerrechtliche Hintergründe. Für die wirksame Vermögenstrennung genügt bereits die einfache GmbH.

2.2. Ausländische Gesellschaften

Juristische Personen wie die GmbH gibt es naturgemäß nicht nur im Inland, sondern auch durchgängig im Ausland.[25]

---

[25] Übersicht bei *Degenhardt, Die „Limited" in Deutschland*, S. 27 ff (ISBN: 3-937686-43-6)

Diese ähneln in ihrer Grundstruktur der GmbH. Es handelt sich um abstrakte, von ihren Gesellschaftern unabhängige Unternehmen im kaufmännischen Verkehr, deren Verbindlichkeiten vom Vermögen der Gesellschafter getrennt sind. In England ist dies die „Private Limited Company by Shares", kurz „Limited", in Frankreich die Société à responsabilité limiteé (kurz: S.A.R.L.), in Spanien die S.L.

Ausländische Gesellschaften eigenen sich jedoch nur bedingt, um im Inland zu handeln. Zwar werden sie nach der jüngsten Rechtsprechung des Gerichtshofes inländischen Gesellschaften gleichgestellt,[26] sofern sie aus einem Mitgliedsstaat der EU kommen, jedoch ist in nahezu allen Fällen Wirksamkeitsvoraussetzung, dass diese Gesellschaften einen Sitz in ihrem jeweiligen Heimatland haben. Dies kompliziert die Verwaltung naturgemäß und treibt die Kosten in die Höhe.

Die englische „Limited" darf ihren Verwaltungssitz vollständig in das Ausland verlegen; in England genügt eine Zustelladresse. Dies bedeutet, dass man eine „inländische Limited" gründen kann, die rechtlich im Inland einer GmbH weitgehend gleichgestellt ist, und das innerhalb weniger Tage für einen minimalen Gesamtaufwand, der auch im bequemsten Fall kaum mehr als 500 Euro beträgt.[27]

Dennoch hat die „Limited" auch in der Form der nach Deutschland zugezogenen „Limited" der GmbH zunächst nur in wenigen Bereichen ernsthaft Konkurrenz gemacht. Neben der fehlenden Akzeptanz beim Kunden ist es vor allen Dingen der erheblich höhere laufende Aufwand, der den Betrieb der „Limited" unwirtschaftlich macht. So muss auch die aus England weggezogene „Limited" in ihrer Heimat laufende Steuererklärungen abgeben und Bilanzen einreichen. Alles folgt nationalen Regeln und bedingt nahezu zwangsläufig die Ein-

---

[26] EuGH Urt. V. 30.09.2003 (C-167/01) „Inspire Art Limited"
[27] Einzelheiten bei: Degenhardt, Die „Limited" in Deutschland, S. 39 ff.

schaltung eines englischen Steuerberaters. Praktiziert man dies über einige Jahre hinweg, ist der Vorteil der geringen Gründungskosten schnell aufgefressen, zumal in Deutschland natürlich ebenfalls – nach unseren Regeln - bilanziert und versteuert werden muss.[28] Hinzu kommen Probleme bei der Rechtsanwendung (unter Umständen müssen deutsche Gerichte englisches Recht auslegen etc.[29]). All dies hat zur Folge, dass die „Limited" in Deutschland jedenfalls in der gewerblichen Wirtschaft kein Massenphänomen geworden ist. Nun – mit der Reform des GmbH-Rechts – wird der Anwendungsbereich der „Limited" in Deutschland noch weiter an Bedeutung verlieren.

3. Besondere Varianten der GmbH

3.1. Die GmbH & Co KG

Oftmals trifft man die GmbH in der Variante der GmbH & Co KG an. Hier ist eine GmbH Komplementärin (= persönlich haftende Gesellschafterin) einer Kommanditgesellschaft, so dass im Endeffekt bei dieser Konstruktion keine natürliche Person für die Verbindlichkeiten der werbenden KG haftet. Die GmbH zieht sich in solchen Konstruktionen zumeist auf rein verwaltende Tätigkeit zurück; ihr Zweck erschöpft sich in der Geschäftsführung der KG.

Die GmbH & Co KG stellt eine Mischform von Kapital- und Personengesellschaft dar und verbindet viele der jeweiligen Vorteile. Diese Typenmischung zeigt aber auch, dass hier kein einheitliches Gebilde entsteht, sondern eine eng miteinander

---

[28] Einzelheiten bei: *Cleary, Bilanzen und Steuern der Limited in Deutschland* (ISBN: 3-937686-27-4)

[29] Einzelheiten bei: Degenhardt, Die „Limited" in Deutschland, S. 51 ff.

verzahnte Struktur aus zwei dauerhaft selbständigen Gesellschaften, der GmbH und der KG. Das wesentliche steuerrechtliche Motiv zur Gründung einer GmbH & Co KG liegt in der Möglichkeit der Verrechnung von Verlusten der KG mit anderen Einkünften der Kommanditisten.[30] Dieser Grundsatz ist zwar zwischenzeitlich vom Gesetzgeber eingeschränkt worden,[31] bildet aber gleichwohl immer noch das Hauptmotiv für die Wahl der GmbH & Co KG. Hinzu kommt das bei Personengesellschaften unbekannte Phänomen der verdeckten Gewinnausschüttung, das Gesellschafter einer GmbH erheblich belasten kann, sowie er höhere Gewerbesteuerfreibetrag der KG (24.500 Euro anstelle von 3.900 Euro bei der GmbH).[32]

Diesen Vorteilen steht der (verglichen mit der einfachen GmbH) etwa doppelte Gründungsaufwand gegenüber. Wem es nur um die Beschränkung seiner persönlichen Haftung geht, fährt mit einer einfachen GmbH also besser.

3.2. Die Limited & Co KG

Die neue Rechtsform der Limited & Co KG entspricht in ihrer Struktur der GmbH & Co KG, mit der einen Ausnahme, dass die Position der Komplementärin (= der persönlich haftenden Gesellschafterin der KG) nicht von einer GmbH, sondern von einer englischen „Limited" besetzt wird. Vor dem dargestellten Hintergrund, dass eine „Limited" nicht mehr in England ansässig sein muss, sondern ihren Verwaltungssitz im Inland nehmen kann, ist diese Variante in der Tat überlegenswert. Sie vermeidet weitgehend den Nachteil der mangelnden Akzeptanz der „Limited" beim Geschäftspartner, da im Geschäftsverkehr mit Dritten die (deutsche) KG, nicht jedoch die (englische) Limited auftritt. Der Aufwand für doppelte Bilanzierung

---

[30] Liebscher in: Sudhoff, Die GmbH & Co KG, § 2 Rz. 18
[31] §§ 2b, 15a EStG
[32] § 11 Abs. 2 GewStG

und Steuererklärungen ist hier unter Umständen vertretbar, da die Bilanzen und Steuererklärungen einer reinen Holding-Gesellschaft häufig einfacher strukturiert und damit auch einfacher replizierbar sind. Man spart im Gegenzug in erster Linie die Aufbringung des Stammkapitals der GmbH, ein Merkmal, das die „Limited" nicht kennt.

Wenn man die Limited & Co KG mit der GmbH & Co KG vergleicht, kann man also ohne weiteres Anschaffungskosten sparen und braucht darüber hinaus kein nennenswertes Stammkapital aufzubringen. Dem steht der dargestellte höhere laufende Aufwand (Buchführung, Bilanzen, Steuererklärungen) gegenüber, dessen Höhe sehr vom Einzelfall abhängt, der aber mindestens (im einfachsten Fall) 500,00 Euro p. a. betragen wird. Bei dieser Konstellation spricht dennoch unter reinen Kostenaspekten manches für die Limited & Co KG als Alternative zur GmbH & Co KG, zumal erstere in gleicher Weise wie ihre inländische Schwester von den geschilderten Steuervorteilen Gebrauch machen kann[33].

Vergleicht man hingegen die einfache GmbH mit der Limited & Co KG, sieht die Kostenbilanz schon weniger positiv aus. Zwar spart man sich auch hier die Aufbringung des Stammkapitals, aber der sonstige Gründungsaufwand unterscheidet sich nicht wesentlich voneinander. Die Limited & Co ist in der Gründung insgesamt sogar etwas aufwändiger als die GmbH; hinzu kommt deutlich höhere laufende Aufwand bei der „Limited". Die Limited & Co KG ist daher allein unter Kostenaspekten keine ernsthafte Alternative zur einfachen GmbH; es bleibt allein die Befreiung von der Verpflichtung zur Aufbringung des Stammkapitals. Letzteres hat sich aber im rahmen der haftungsbeschränkten Unternehmergesellschaft ohnehin erledigt.

---

[33] siehe oben Kapitel 3.1

3.3. Die Ein-Mann-GmbH

Die Ein-Mann-GmbH ist bei kleineren Unternehmen heutzutage eher die Regel denn die Ausnahme. Bei der Ein-Mann-GmbH sind Gesellschafter und Geschäftsführer personengleich; wenn, was die Regel ist, der Geschäftsführer zusätzlich noch von dem Verbot der Selbstvertretung befreit ist,[34] kann er darüber hinaus auch Verträge im Namen der GmbH mit sich selber abschließen.

Die Zulässigkeit dieser Konstruktion steht außer Frage, allerdings ist sie in der Praxis nicht unproblematisch, insbesondere im Hinblick auf eine Durchgriffshaftung. Hierunter versteht man Fallkonstellationen, in denen Gläubiger der GmbH direkt auf das Privatvermögen des Gesellschafters zugreifen können. Da ein solcher Durchgriff auf das Privatvermögen der Gesellschafter bei der GmbH systemwidrig ist,[35] muss ein Fehlverhalten der handelnden Personen vorliegen, um eine solche Durchgriffshaftung auszulösen. Eine der klassischen Fallgruppen der Durchgriffshaftung ist die der mangelhaften Trennung zwischen Privat- und Firmenvermögen[36], die in der Ein-Mann-GmbH wesentlich leichter auftreten kann als im Fall der Personenverschiedenheit von Geschäftsführer und Gesellschaftern. Bei der Ein-Mann-GmbH fehlt die effektive Kontrolle durch die Gesellschafter; der Ein-Mann-Gesellschafter/-Geschäftsführer kann sich sogar selbst entlasten[37].

Auf der anderen Seite ist darauf hinzuweisen, dass es so etwas wie die Ein-Mann-GmbH keinesfalls überall gibt, die „Limi-

---

[34] § 35 Abs. 4 GmbHG i.V.m. § 181 BGB
[35] vgl. § 13 Abs. 2 GmbHG: „Für Verbindlichkeiten der Gesellschaft haftet Gläubigern derselben nur das Gesellschaftsvermögen"
[36] Einzelheiten zum Problemkreis der Durchgriffshaftung unter Ziff. 6.2
[37] Roth in Roth/Altmeppen, GmbHG, § 1 Rz. 45

ted" beispielsweise benötigt immer zwei handelnde Personen, den „Director" und mindestens einen „Secretary". Insofern ist die GmbH an dieser Stelle sogar einfacher strukturiert.

4. Organe der GmbH

Zwingende Organe der GmbH sind Geschäftsführung und Gesellschafterversammlung.

4.1. Geschäftsführer

Die Geschäftsführer vertreten die GmbH gerichtlich und außergerichtlich.[38] Die GmbH muss mindestens einen Geschäftsführer haben, kann darüber hinaus aber auch mehrere bestellen.[39] Geschäftsführer kann nur eine natürliche, unbeschränkt geschäftsfähige Person sein.[40]

Bei den Ausschlussgründen für Geschäftsführer von GmbHs ändert sich einiges. Bisher gilt: Wer wegen Insolvenzstraftaten[41] verurteilt worden ist, kann auf die Dauer von fünf Jahren seit der Rechtskraft des Urteils nicht Geschäftsführer einer GmbH sein. Wem durch gerichtliches Urteil oder durch vollziehbare Entscheidung einer Verwaltungsbehörde die Ausübung eines Berufs, Berufszweigs, Gewerbes oder Gewerbezweigs untersagt worden ist, kann für die Zeit, für welche das Verbot wirksam ist, bei einer Gesellschaft, deren Unterneh-

---

[38] § 35 Abs. 1 GmbHG, § 36 GmbHG
[39] § 6 Abs. 1 GmbHG
[40] § 6 Abs. 2 GmbHG
[41] §§ 283 – 283d StGB: Bankrott, Verletzung der Buchführungspflicht, Gläubiger- und Schuldnerbegünstigung, der Katalog wird 2008 erweitert werden, siehe dazu:

mensgegenstand ganz oder teilweise mit dem Gegenstand des Verbots übereinstimmt, ebenfalls nicht Geschäftsführer sein.

Ab 2009 wird dieser Katalog der Ausschlussgründe erweitert, und erfasst er dann alle Straftaten nach § 82 oder § 84 GmbHG, den §§ 399 bis 401 des Aktiengesetzes oder den §§ 283 bis 283d des Strafgesetzbuchs. Dieser Ausschluss gilt für die Dauer von fünf Jahren seit der Rechtskraft des Urteils, wobei die Zeit nicht eingerechnet wird, in welcher der Täter auf behördliche Anordnung in einer Anstalt verwahrt worden ist.[42]

Anders als bei der englischen „Limited" gibt es hierzulande immer noch nicht den generellen Ausschlussgrund der Insolvenz des Geschäftsführers.[43] Auch Personen, die zahlungsunfähig sind oder über deren Vermögen ein Insolvenzverfahren läuft, können also Geschäftsführer einer GmbH werden. Die Grenze ist in Deutschland nach wie vor der Tatbestand des Bankrotts nach § 283 StGB.

Bei mehreren Geschäftsführern gilt gegenüber Dritten immer deren jeweilige Alleinvertretungsbefugnis,[44] es sei denn, etwas anderes ist im Handelsregister eingetragen.[45]

Die Geschäftsführer werden von der Gesellschafterversammlung bestimmt, die auch den Umfang der Geschäftsführungsbefugnis festlegt. Letzteres kann in der Satzung der GmbH und/oder in den Geschäftsführer-Anstellungsverträgen geregelt werden. Die Personalien der Geschäftsführer und der Umfang ihrer Vertretungsbefugnis werden im Handelsregister veröffentlicht.[46]

---

[42] vgl. Art. 1 Ziff. 4 MoMiG
[43] vgl. hierzu Degenhardt, Die „Limited" in Deutschland, S. 33
[44] § 37 Abs. 2 GmbHG
[45] § 8 Abs. 4 GmbHG
[46] § 10 Abs. 1 GmbHG

Unterschieden werden muss grundsätzlich zwischen der durch die Gesellschafterversammlung zu erfolgenden Bestellung bzw. der grundsätzlich jederzeit möglichen Abberufung der Geschäftsführer und den jeweiligen Anstellungsverträgen. Letztere bestimmen lediglich das Innenverhältnis zwischen GmbH und Geschäftsführer und haben keine Wirkung gegenüber Dritten, insbesondere nicht im Hinblick auf eine dort erfolgte Beschränkung der Vertretungsmacht. Wird ein Geschäftsführer abberufen, dessen Arbeitsvertrag noch nicht kündbar ist, hindert das die Wirksamkeit der Abberufung nicht, löst aber im Regelfall Gehaltfortzahlungs-, Schadenersatz- oder Abfindungsansprüche aus.

Die Geschäftsführer haben in den Angelegenheiten der Gesellschaft die Sorgfalt eines ordentlichen Geschäftsmannes anzuwenden.[47] Geschäftsführer, welche ihre Obliegenheiten verletzen, haften der Gesellschaft für den entstandenen Schaden; insbesondere sind sie zum Ersatz verpflichtet, wenn die Vorschriften zum Kapitalerhalt verletzt wurden.[48]

4.2. Gesellschafterversammlung

Die Gesellschafterversammlung als zweites zwingendes Organ der GmbH wird von allen Gesellschaftern der GmbH gebildet.

Sie entscheidet über:[49]

1. die Feststellung des Jahresabschlusses und die Verwendung des Ergebnisses;

2. die Einforderung von Einzahlungen auf die Stammeinlagen;

---

[47] § 43 Abs. 1 GmbHG
[48] § 43 Abs. 3 GmbHG, vgl dazu im Einzelnen Kapitel III 6.1.3
[49] § 46 GmbHG

3. die Rückzahlung von Nachschüssen;
4. die Teilung sowie die Einziehung von Geschäftsanteilen;
5. die Bestellung und die Abberufung von Geschäftsführern sowie die Entlastung derselben;
6. die Maßregeln zur Prüfung und Überwachung der Geschäftsführung;
7. die Bestellung von Prokuristen und von Handlungsbevollmächtigten zum gesamten Geschäftsbetrieb;
8. die Geltendmachung von Ersatzansprüchen, welche der Gesellschaft aus der Gründung oder Geschäftsführung gegen Geschäftsführer oder Gesellschafter zustehen,
9. sowie die Vertretung der Gesellschaft in Prozessen, welche sie gegen die Geschäftsführer zu führen hat.

Weitere Aufgaben können ihr in der Satzung zugewiesen werden.

Die Durchführung der Gesellschafterversammlung ist aus Gründen der Rechtssicherheit stark formalisiert.[50] Die Einzelheiten werden darüber hinaus oftmals dezidiert in der Satzung geregelt, dies ist naturgemäß insbesondere dann wichtig, wenn die GmbH mehrere Gesellschafter besitzt, so dass Konflikte vorprogrammiert sind. Die Mindestrechte der Gesellschafterversammlung dürfen ihr jedoch nicht entzogen werden[51].

In der kleinen GmbH wird dies oftmals nicht relevant sein, insbesondere im Fall einer Ein-Mann-GmbH spielt die Gesellschafterversammlung nur eine formale Rolle. Zu beachten ist

---

[50] §§ 47-51b GmbHG
[51] z.B. § 51a Abs. 3 GmbHG

aber in diesem Zusammenhang, dass im Fall der Ein-Mann-Gesellschaft zwingend über jede Beschlussfassung der Gesellschafterversammlung eine Niederschrift anzufertigen ist.[52]

4.3. Freiwillige Organe

Darüber hinaus besteht die Möglichkeit, neben den zwingenden Organen Geschäftsführer und Gesellschafterversammlung weitere Organe freiwillig zu implementieren, so z.B. einen Beirat, Aufsichtsrat oder einen Gesellschafterausschuss als vorbereitendes Gremium für Beschlüsse der Gesellschafterversammlung. Dies alles ist jedoch nur für große GmbHs mit vielen Gesellschaftern relevant.

5. Satzung

Der Gestaltung der Satzung einer GmbH kommt in der Praxis große Bedeutung zu. Dies gilt auch für die Konstellation einer Ein-Mann-GmbH, wo die Satzung kein Vertrag, sondern eine einseitige Erklärung zur Errichtung der Gesellschaft ist.

Die Satzung ist die „Verfassung" der GmbH. Ihre Abfassung bedarf ebenso wie die spätere Änderung der Beschlussfassung durch die Gesellschafterversammlung[53] und der notariellen Beurkundung,[54] ist also mit Aufwand und Kosten verbunden. Umso wichtiger ist es, die Satzung von vorne herein so zu gestalten, dass auch später nur ein möglichst geringer Änderungsbedarf eintritt. Man sollte daher auch die Satzung der Ein-Mann-GmbH von vorne herein so abfassen, dass sie noch

---

[52] § 48 Abs. 3 GmbHG
[53] bei der Ein-Mann-GmbH beschließt der einzige Gesellschafter die Errichtung der Gesellschaft mit der betreffenden Satzung
[54] § 2 GmbHG

Bestand hat, wenn später ein weiterer Gesellschafter in die GmbH eintritt.

Die Satzung einer GmbH muss den folgenden Mindest-Inhalt aufweisen:[55]

1. die Firma und den Sitz der Gesellschaft,
2. den Gegenstand des Unternehmens,
3. den Betrag des Stammkapitals,
4. den Betrag der von jedem Gesellschafter auf das Stammkapital zu leistenden Einlage (Stammeinlage).

Darüber hinaus enthält sie in aller Regel noch viele weitere Elemente, etwa über die Abtretung und Einziehung von Geschäftsanteilen, über Besonderheiten in der Geschäftsführung und Vertretungsmacht, über das Verhältnis der Gesellschafter zueinander oder über Schiedsabreden.

6. Einzelfragen

6.1. Stammkapital

Das Stammkapital stellt in der Praxis kleinerer Gewerbetreibender immer wieder das größte Problem auf dem Weg zu einer funktionierenden GmbH dar. Der Mindestbetrag stellt für viele eine Hürde dar, die aus Unkenntnis und oftmals auch in Folge falscher Beratung gerne gerissen wird mit der Folge, dass der Gründer anschließend mit leeren Händen da steht.

---

[55] § 3 GmbHG

6.1.1. Mindest-Stammkapital

Jede GmbH ist vom Gründer mit einem Stammkapital zu versehen. Dies sind auch zukünftig grundsätzlich 25.000 Euro.[56] Leider hat sich die Bundesregierung mit ihrem ursprünglichen Entwurf, der eine Absenkung des Mindest-Stammkapitals auf 10.000 Euro vorsah, nicht durchsetzen können. Die kapitallose Unternehmergesellschaft ist in vielen Fällen kein wirklicher Ersatz, weil sie von der Marktgegenseite aller Voraussicht nach als minderwertig und erkennbar als „GmbH 2. Klasse" abqualifiziert wird.

Dabei ist der Unterschied in der Praxis gar nicht so groß zwischen einer 25.000 Euro-GmbH und einer Unternehmergesellschaft. In der Praxis steht das nominale Stammkapital jedenfalls bei kleinen Gesellschaften regelmäßig binnen kurzem nicht mehr für die Erfüllung von Verbindlichkeiten zur Verfügung, es wird schlicht aufgebraucht. Das Ausland hat längst gezeigt, dass die Haftungsbeschränkung auf das Gesellschaftsvermögen keinesfalls zwingend mit einer hohen Stammkapitalausstattung korreliert. Insofern kann der Schritt des Gesetzgebers, das Mindest-Stammkapital nicht zu reduzieren, als falsch angesehen werden. Es wäre nur konsequent gewesen, das Mindest-Stammkapital der GmbH ohne den Umweg über das halbherzige und dogmatisch unpassende Vehikel der Unternehmergesellschaft direkt auf 1 Euro zu reduzieren.

Kleine GmbHs sind ohnehin in aller Regel nicht allein kreditwürdig und wer will, kann seine GmbH ja ohne weiteres mit höherem Stammkapital versehen. Zusammen mit der erweiterten Publizität elektronischer Handelsregister ist dem Schutzbedürfnis Dritter ausreichend Rechnung getragen. Wer mit einer GmbH kontrahiert, rechnet auch heute regelmäßig nicht mit nennenswerter Haftungsmasse.

---

[56] § 5 GmbHG

6.1.2. Stückelung, Halten mehrerer Geschäftsanteile durch einen Gesellschafter

Bislang muss jede Stammeinlage mindestens 100 Euro betragen und darf nur in Einheiten von 50 Euro aufgeteilt werden. Nunmehr ist geregelt, dass jeder Geschäftsanteil nur noch auf einen Betrag von mindestens einem Euro lauten muss. Bereits vorhandene Geschäftsanteile können künftig leichter gestückelt werden.

Die Flexibilisierung setzt sich bei der Übertragung von Geschäftsanteilen fort. Sie wird erleichtert. So wurde das Verbot, bei der Errichtung der Gesellschaft mehrere Geschäftsanteile zu übernehmen (§ 5 Abs. 2 GmbHG), aufgehoben. Dieses Verbot stellt ein unnötiges bürokratisches Hemmnis dar. Auch das Verbot, mehrere Teile von Geschäftsanteilen gleichzeitig an denselben Erwerber zu übertragen (§ 17 GmbHG), fiel.[57]

6.1.3. Aufbringung und Erhalt des Stammkapitals

Das Stammkapital ist in der Regel in bar aufzubringen. Die auch mögliche Sachgründung ist wegen der damit verbundenen Bewertung der eingebrachten Sachen oder Rechte noch zeitaufwändiger und teurer.[58] Sie ist allenfalls dann eine Alternative, wenn man Zeit und z.B. ein unbelastetes Grundstück hat, das den Wert des Stammkapitals klar übersteigt. Auch da ist es zumeist besser, das Grundstück zu beleihen und mit dem Darlehen eine Bargründung vorzunehmen.[59]

Wird die Gründung durch mehr als einen Gesellschafter vorgenommen, genügt es, zunächst nur ein Viertel des jeweiligen Stammkapitals, mindestens jedoch 12.500 Euro einzuzahlen.

---

[57] Art. I Ziff. 3 MoMiG
[58] § 8 Abs. 1 Nr. 5 GmbHG
[59] Einzelheiten zur Sachgründung siehe Ziff. IV 6

Der Rest ist erst bei Anforderung durch die Gesellschaft fällig,[60] die unverzüglich zu erfolgen hat, wenn die Gesellschaft das Kapital benötigt. In Höhe des nicht eingezahlten Kapitals haften alle Gesellschafter füreinander persönlich.[61]

Auch der Gründer einer Ein-Mann-GmbH kann von dieser Regelung profitieren, er muss nicht mehr - wie früher - noch zusätzlich der Gesellschaft eine werthaltige Sicherung in Bezug auf den ausstehenden Teil des Stammkapitals stellen.[62]

In der Praxis werden immer wieder phantasievoll alle möglichen Wege beschritten, der Gesellschaft dieses teure Stammkapital sogleich wieder zu entziehen. Der beliebteste: Unmittelbar nach Eintragung ins Handelsregister gewährt sich der Gesellschafter ein Darlehen in Höhe des restlichen Stammkapitals. Oder: Er bringt überteuerte Wirtschaftsgüter in die GmbH ein und lässt sich dafür über Gebühr bezahlen. Oder: Er schließt Arbeitsverträge zu unmöglichen Konditionen ab, die dazu führen, dass bereits nach ein paar Monaten das Stammkapital aufgezehrt ist. Die Beispiele ließen sich endlos verlängern. Das zur Erhaltung des Stammkapitals erforderliche Vermögen der Gesellschaft darf jedoch an die Gesellschafter nicht ausbezahlt werden.[63] Spätestens im Insolvenzfall wird der Verwalter alles zurückverlangen[64] und eine Haftungsbeschränkung auf das (nicht vorhandene) Vermögen der GmbH tritt auf diese Weise auch nicht ein. Schlimmer noch: Jeder Gesellschafter haftet insoweit auch persönlich für seinen Mitgesellschafter,[65] also auch für Beträge, die er gar nicht erhalten hat! Bei dem Ergebnis hätte man sich den Gründungsaufwand sparen können. Und: Wer eine GmbH durch

---

[60] § 7 Abs. 2 GmbHG
[61] § 24 GmbHG
[62] § 7 Abs. 2 GmbHG
[63] § 30 Abs. 1 GmbHG
[64] § 31 GmbHG
[65] § 31 Abs. 3 GmbHG

einen Treuhänder („Strohmann") gründen lässt, muss sich so behandeln lassen, als wenn er selber Gesellschafter wäre.[66] Auch Zahlungen an nahe stehende Dritte (die Ehefrau erhält ein stattliches Gehalt, kennt aber nicht mal die Büroadresse) helfen nichts, sobald zwischen dem Zahlungsempfänger und dem Gesellschafter eine so genannte „qualifizierte Nähe" festzustellen ist.[67]

Was kann man also tun, außer zu zahlen und das Geld auf dem Konto der GmbH zu belassen? Die absolute Grenze, die nicht unterschritten werden darf, ist die des nominellen (in der Satzung festgeschriebenen) Stammkapitals, dessen Bestand nach Bilanzierungsgrundsätzen (ggf. per Zwischenbilanz) festgestellt wird. Ist dessen Bestand nicht mehr gewährleistet, verbietet § 30 GmbHG bisher jegliche Zahlungen an Gesellschafter der GmbH.

Neu ist hier folgende Erleichterung:

Wird das Stammkapital durch eine Vorleistung aufgrund eines Vertrags mit einem Gesellschafter angegriffen, so gilt das vorstehende Verbot nicht, wenn die Leistung im Interesse der Gesellschaft liegt. Satz 1 ist zudem auf die Rückgewähr eines Gesellschafterdarlehens auch dann nicht anzuwenden, wenn das Darlehen der Gesellschaft in einem Zeitpunkt gewährt worden ist, in dem Gesellschafter der Gesellschaft als ordentliche Kaufleute Eigenkapital zugeführt hätten; gleiches gilt für Leistungen auf Forderungen aus Rechtshandlungen, die einer solchen Darlehensgewährung wirtschaftlich entsprechen.[68]

Diese Einschränkung des Eigenkapitalschutzes der GmbH ab 2008 ist von erheblicher Bedeutung, und zwar nicht nur für neue GmbHs, sondern auch für bereits gegründete Gesellschaften. Die Möglichkeiten, einer GmbH als Gesellschafter

---

[66] BGH NJW 91, 1058
[67] Vgl. Altmeppen in Roth/Altmeppen, GmbHG, § 30 Rz. 31
[68] Ziff. 11 MoMiG

Stammkapital ohne Konsequenzen wie Durchgriffshaftung oder Erstattungspflicht entziehen zu können, werden nunmehr erheblich erweitert. Denn: Was im Interesse der Gesellschaft liegt, lässt sich nur schwer exakt bestimmen und unterliegt einem weiten Beurteilungsspielraum.

Dies betrifft nicht nur vorläufig oder dauerhaft einseitige Leistungen wie Darlehen, Schenkungen oder Ähnliches, sondern auch Leistungen im Rahmen von zweiseitigen Verträgen. Bislang müssen sich auch Austauschverträge zwischen Gesellschaft und Gesellschafter immer an folgenden Kriterien messen lassen: Geschäfte zwischen Gesellschaftern und der Gesellschaft müssen hinsichtlich von Leistung und Gegenleistung immer den gleichen Kriterien standhalten, wie sie im Verhältnis zu fremden Dritten gelten (sog. „Drittvergleich").[69] Hat die GmbH nur einen Gesellschafter und ist der auch noch Geschäftsführer, muss er von den Beschränkungen des § 181 BGB (Verbot der Eigen- und Fremdvertretung in einer Angelegenheit) befreit sein.[70] In dem Fall muss auch zwingend eine unverzügliche Niederschrift über das Geschäft gefertigt werden.[71]

Die Neuregelung schafft hier erhebliche Erleichterungen, deren genauer Umfang aber erst dann klarer fassbar wird, wenn die Rechtsprechung sich der Neuregelung annimmt. So ist aber z.B. denkbar, dass zukünftig auch eine höhere als übliche Geschäftsführervergütung zulässig ist, auch wenn deren Zahlung das Stammkapital angreift, wenn die besonderen Umstände (besondere Kenntnisse des Geschäftsbereiches etc.) diese als für die Gesellschaft vorteilhaft erscheinen lassen. Gerade bei kleinen Gesellschaften, wo die Tätigkeit des Gesellschafters oftmals von existentieller Bedeutung ist, lässt sich dies oftmals begründen.

---

[69] OLG Celle NJW 93, 739
[70] § 35 Abs. 4 GmbHG, Formulierungsvorschlag unter Ziff. VI 1
[71] § 35 Abs. 4 GmbHG

Bislang ist es so, dass nur dann, wenn Leistung und Gegenleistung sich entsprechen, wenn also eine vollwertige Gegenleistung erfolgt, Zahlungen aufgrund und im Rahmen dieser Verträge nicht gegen § 30 GmbHG verstoßen, auch wenn die sonstigen Voraussetzungen vorliegen.[72] Hinzu kommt, dass im Zweifel eine Vermutung dafür spricht, wonach im Verhältnis Gesellschafter/Gesellschaft ein tatsächliches Missverhältnis der Leistungen besteht, das der Gesellschafter zu widerlegen hat.[73] Es besteht also zurzeit noch Anlass, das Verhältnis von Leistung und Gegenleistung sehr zurückhaltend anzusetzen. Dies ändert sich aber innerhalb der genannten Grenzen für alle GmbHs, also auch für bestehende Gesellschaften.

Von großer Bedeutung ist ferner die Aufhebung des zurzeit noch bestehenden Verbotes, Gesellschafterdarlehen zurückzuzahlen, auch wenn diese eigenkapitalersetzenden Charakter haben. Der Tatbestand des Eigenkapitalersatzes ist immer dann gegeben, wenn ein ordentlicher Kaufmann der Gesellschaft Eigenkapital zugeführt hätte, anstatt ihr ein Darlehen zu gewähren. Bislang ist die Rückzahlung eines solchen Darlehens nach § 30 GmbHG untersagt, sofern hierdurch das zur Erhaltung des Stammkapitals erforderliche Vermögen gemindert würde, was regelmäßig der Fall ist. Dies wird sich ändern.

Diese Änderung ist von ungleich größerer Bedeutung für bereits bestehende GmbHs, bei denen in der Vergangenheit Gesellschafter der GmbH ein Darlehen gewährt haben. Die Rückzahlung dieser Alt-Darlehen unterliegt zukünftig nicht mehr den geschilderten Restriktionen.

Halten die Geschäfte aber auch diesen neuen (zukünftigen) Kriterien nicht stand, so handelt es sich um verdeckte Ausschüttungen, die auch nach Ende 2008 noch unter das Verbot des § 30 GmbHG fallen. Dies kann z.B. bei weit überhöhten

---

[72] BGH NJW 92, 2984; Hueck, GmbHG, § 30 Rz. 7
[73] FG Hamburg GmbHR 97,226

Geschäftsführerbezügen[74], überhöhten Tantiemen[75], überhöhten Kaufpreisen für eingebrachte Wirtschaftsgüter (Autos, Büroausstattung)[76] oder nicht marktüblichen Darlehens- oder Mietzinsen[77] der Fall sein.

Der Gründer kann natürlich auch den entgegen gesetzten Weg nehmen und das Stammkapital höher als vom Gesetzgeber verlangt ansetzen; er sollte hier jedoch angesichts der strengen Vorschriften über eine spätere Kapitalherabsetzung zurückhaltend sein und dies nur dann tun, wenn er sicher ist, diese Kapital auch in der GmbH zu benötigen[78].

6.2. Haftungsbegrenzung, Durchgriffshaftung

Damit sind wir im Grunde beim wichtigsten Thema: Wird eine GmbH richtig gegründet und geführt, findet eine Beschränkung der Haftung auf das Gesellschaftsvermögen statt.[79] Die Privatvermögen der Gesellschafter oder des Geschäftsführers haften also nicht für Verbindlichkeiten der Gesellschaft.

6.2.1. Vertragliche Haftung des Gesellschafters

Dies betrifft vor allem Ansprüche von Geschäftspartnern der Gesellschaft. Wer in einer schadensgeneigten Branche arbeitet, kommt auch als Mittelständler um eine Konstruktion, die ihn persönlich von der Haftung freistellt, kaum herum. Hierzu

---

[74] BGH NJW 82, 2894
[75] OLG Hamburg NJW 2000, 839
[76] OLG Celle NJW 93, 739
[77] Altmeppen in Roth/Altmeppen, GmbHG, § 30 Rz. 31
[78] §§ 58 ff. GmbHG
[79] § 13 Abs. 2 GmbHG

ist die GmbH neben der Unternehmergesellschaft am besten geeignet.

Das Prinzip der Haftungsbeschränkung funktioniert allerdings in der Praxis nicht bei langfristig angelegten, strukturellen Geschäftsbeziehungen. Leiht eine Bank einer kleineren GmbH Geld, so tut sie dies so gut wie nie, ohne die Gesellschafter vertraglich in Mit-Haftung zu nehmen. Und der Automobilhersteller, der mit einer GmbH einen Händlervertrag schließt, gibt sich ebenfalls nicht mit deren Haftungsmasse zufrieden. Er verlangt eine Bürgschaft der Gesellschafter und sichert seine Forderungen meist noch wesentlich stringenter ab (z.B. durch Grundschulden auf das Betriebsgrundstück). Die Haftungsbeschränkung entfaltet daher ihre schützende Wirkung vor allem im Kundenverkehr, allerdings auch dort nicht ausnahmslos, wie wir gleich sehen.

Die Neuregelung des Rechts der GmbH hat auf diese Punkte keinen wesentlichen Einfluss, wenn überhaupt, wird die Absenkung der Mindest-Stammkapitalgrenzen eher dazu führen, die Kreditwürdigkeit der GmbH noch geringer als zuvor einzuschätzen.

6.2.2. Durchgriffshaftung

Das deutsche Recht kennt – als Ausfluss unserer strengen Kapitalisierungsvorschriften – eine Reihe von Tatbeständen, wonach Gesellschafter einer Kapitalgesellschaft systemwidrig – entgegen der Regelung in § 13 Abs. 2 GmbHG - persönlich für deren Verbindlichkeiten haften. Diese vieldiskutierten von der Rechtsprechung entwickelten Fallgruppen werden unter dem Begriff „Durchgriffshaftung" bzw. „Haftungsdurchgriff" zusammengefasst.[80] Die Grenzen der Durchgriffshaftung sind

---

[80] lehrreich: Altmeppen in Roth/Altmeppen, GmbHG, Anh. 13

oftmals unklar, da es sich um reines Richterrecht handelt, dessen Entwicklung nicht abgeschlossen ist.

Gleichwohl lässt sich folgendes sagen:

Ein Gesellschafter haftet für Verbindlichkeiten seiner GmbH, wenn er keine klaren Grenzen zwischen seinem Privat Vermögen und dem der GmbH zieht (Fallgruppe der sog. Vermögensvermischung[81]). Die Vermögen müssen „ununterscheidbar" vermischt sein[82], wobei eine undurchsichtige oder unklare Buchführung bei der GmbH genügt[83]. Auch dieser Tatbestand hat eine subjektive Komponente, der Gesellschafter muss diese Vermögensvermischung veranlasst, mindestens jedoch zugelassen haben.

Ob hingegen allein die materielle Unterkapitalisierung einer GmbH ausreicht, um eine Durchgriffshaftung zu begründen, wird kontrovers diskutiert. Vielfach wird vertreten, dass eine eindeutig und klar erkennbar unzureichende Eigenkapitalausstattung der Gesellschaft, die einen Misserfolg zulasten der Gläubiger bei normalem Geschäftsverlauf mit hoher Wahrscheinlichkeit erwarten lässt, alleine ausreicht, um eine Durchgriffshaftung in das Privatvermögen des Gesellschafters zu rechtfertigen.[84] Die zivile Rechtsprechung verlangt freilich auch hier eine subjektive Komponente, wonach eine zielgerichtete sittenwidrige Gläubigerbenachteiligung im Sinne von § 826 BGB gewollt sein muss,[85] die man in der Praxis nur selten nachweisen kann.

Allein unter dem Gesichtspunkt der missbräuchlichen Verwendung der Rechtsform einer GmbH lässt sich wohl eben-

---

[81] grundlegend: BGHZ 31, 270; 125, 366
[82] BGH NJW 85, 637
[83] BGH NJW 94, 1801
[84] Hachenburg/Ulmer, GmbHG, Anh. § 30 Rz. 55 m.w.N.
[85] BGH NJW-RR 88, 1181

falls keine Durchgriffshaftung konstruieren,[86] hinzukommen muss – außer in den Fällen der Vermögensvermischung – immer eine zielgerichtete und einzelfallbezogene Gläubigerbenachteiligung.[87]

Und natürlich findet die Durchgriffshaftung auch immer dann statt, wenn mit der GmbH vordergründig betrügerische Absichten oder andere strafrechtlich relevante Tatbestände verbunden werden.[88] In all diesen Fällen haftet der Gesellschafter voll und unbeschränkt für alle Verbindlichkeiten der Gesellschaft, eine Selbstverständlichkeit, die in gleicher Weise für alle in- und ausländischen Kapitalgesellschaften gilt.

Es wurde bereits darauf hingewiesen, dass die Ein-Mann-GmbH für die Tatbestände der Durchgriffshaftung außerordentlich anfällig ist.[89] Das gilt in besonderem Maß für die Vermischung von Gesellschafts- mit Gesellschaftervermögen. Wo keine gesellschaftsinterne Kontrollinstanz existiert, ist der Schritt zum - absichtlichen oder unabsichtlichen – Missbrauch der Rechtsform nicht fern. Wer also vom Haftungsprivileg der GmbH profitieren möchte, muss daher in jeder Phase immer so handeln, wie dies unter Fremden der Fall wäre. Das gilt selbst dann, wenn der Geschäftsführer einer Ein-Mann-GmbH vom Verbot des Selbstkontrahierens befreit ist, er also zivil- und handelsrechtlich befugt ist, eigene Rechtsgeschäfte mit der GmbH abzuschließen. Die GmbH verfügt trotz alledem über eine eigene Rechtspersönlichkeit und muss immer als solche behandelt werden.

So müssen alle Zahlungsvorgänge zwischen Gesellschaft, Gesellschafter und Geschäftsführer vollständig und für jeder-

---

[86] so aber das BSG (NJW 84, 2117) im Fall eines einseitig auf die Gläubiger verlagerten Risikos in Verbindung mit einer eindeutigen Unterkapitalisierung der GmbH

[87] Altmeppen in Roth/Altmeppen, GmbHG, Anh. 13

[88] vgl. Ebert/Levedag, GmbHR 2003, S. 1340

[89] Kapitel III 3.3

mann nachvollziehbar dokumentiert werden, es darf zu keinem Zeitpunkt der Verdacht der Verschleierung oder der fehlenden Vermögenstrennung aufkommen. Zahlungen an Gesellschafter ohne Rechtsgrund (der Porsche der Ehefrau wird auf Kosten der GmbH repariert) oder gar die Nutzung des Kontos der GmbH für laufende private Zwecke (etwa, weil der Gesellschafter über gar kein privates Konto verfügt) lösen rasch die unmittelbare Durchgriffshaftung aus und konterkarieren damit die mit der Errichtung der GmbH verbundenen Ziele.

6.3. Anonymität

Ein häufiges Motiv zur Nutzung von Kapitalgesellschaften ist deren Anonymität. Rechtliche Selbständigkeit, vom Namen der Gesellschafter losgelöste Firma, all das verleitet schnell zu der Annahme, hier könne man handeln, ohne erkannt zu werden.

Das freilich funktioniert nicht so einfach. Selbst zur einfachsten Ein-Mann-GmbH gehört immer eine natürliche Person, deren Identität im Handelsregister für jedermann ersichtlich offen gelegt wird. Natürlich kann man auch hier einen Strohmann vorschieben, der die Anteile auf fremde Rechnung hält und den Geschäftsführer mimt, indes ließe sich dies rechtlich wasserdicht (nämlich so, dass Hintermann jederzeit und einseitig wieder vollen Zugriff auf Anteil und Geschäftsführung nehmen kann, falls der Strohmann sich auf Abwege begibt) nur durch einen notariell beurkundeten Treuhandvertrag ausgestalten,[90] was nicht nur teuer und aufwendig, sondern auch im Hinblick auf die beabsichtigte Anonymität kontraproduktiv wäre. Man kann die Dinge wegen der Beurkundungspflicht

---

[90] § 15 Abs. 3 GmbHG verlangt die notarielle Beurkundung von Anteilsübertragungen. Dies erstreckt sich auf den Treuhandvertrag, wenn dieser – wie unbedingt sinnvoll – die Rückübertragung des Anteils an den Hintermann vorsieht.

nicht auf das Verhältnis Treugeber-Treunehmer beschränken, es sei denn, man wäre mit einer Lösung zufrieden, die man im Streitfall nicht durchsetzen könnte, wozu man niemandem raten kann. Die isolierte GmbH eignet sich daher kaum zum anonymen Handeln, will man sich nicht von der Person des Strohmanns und seinen Launen abhängig machen. Hinzu kommt, dass die Rechtsprechung den Strohmann als faktischen Gesellschafter ansieht,[91] der seinerseits allen gesellschaftsrechtlichen Bindungen und Verpflichtungen (einschließlich der Durchgriffshaftung!) unterliegt.

Nunmehr ergeben sich weit reichende Änderungen zugunsten einer weiteren Transparenz in Bezug auf die Gesellschafter:

Im Verhältnis zur Gesellschaft gilt als Gesellschafter nur, wer als solcher in der zum Handelsregister eingereichten Gesellschafterliste eingetragen ist. Die Änderung der Liste durch die Geschäftsführer erfolgt auf Mitteilung und Nachweis.

Für die zur Zeit der Einreichung der Gesellschafterliste zum Handelsregister (§ 40 Abs. 1 Satz 1) rückständigen Leistungen auf den Geschäftsanteil haftet der Erwerber neben dem Veräußerer.

Zugunsten desjenigen, der einen Geschäftsanteil oder ein Recht daran durch Rechtsgeschäft erwirbt, gilt der Inhalt der Gesellschafterliste insoweit als richtig, als die den Geschäftsanteil betreffende Eintragung im Zeitpunkt des Erwerbs seit mindestens drei Jahren unrichtig in der Gesellschafterliste enthalten und kein Widerspruch zum Handelsregister eingereicht worden ist. Dies gilt nicht, wenn dem Erwerber die Unrichtigkeit bekannt ist.[92]

Nach dem Vorbild des Aktienregisters gilt auch bei der GmbH nur noch derjenige als Gesellschafter, der in die Gesellschafterliste eingetragen ist. So können Geschäftspartner der GmbH

---

[91] BGH WM 77, 73

[92] vgl. Art. I 8 MoMiG

lückenlos und einfach nachvollziehen, wer hinter der Gesellschaft steht. Veräußerer und Erwerber von Gesellschaftsanteilen erhalten den Anreiz, die Gesellschafterliste aktuell zu halten. Der eintretende Gesellschafter erhält einen Anspruch darauf, in die Liste eingetragen zu werden. Weil die Struktur der Anteilseigner transparenter wird, lassen sich Missbräuche wie zum Beispiel Geldwäsche besser verhindern.

Die rechtliche Bedeutung der Gesellschafterliste wird noch in anderer Hinsicht deutlich ausgebaut: Die Gesellschafterliste dient als unmittelbarer Anknüpfungspunkt für einen gutgläubigen Erwerb von Geschäftsanteilen. Wer einen Geschäftsanteil erwirbt, soll ab 2008 darauf vertrauen dürfen, dass die in der Gesellschafterliste verzeichnete Person auch tatsächlich Gesellschafter ist. Ist eine Eintragung in die Gesellschafterliste für mindestens drei Jahre unbeanstandet geblieben, so gilt der Inhalt der Liste dem Erwerber gegenüber als richtig. Das schafft mehr Rechtssicherheit und senkt die Transaktionskosten. Bislang geht der Erwerber eines Geschäftsanteils das Risiko ein, dass der Anteil einem anderen als dem Veräußerer gehört. Die Neuregelung führt zu einer erheblichen Erleichterung für die Praxis bei Veräußerung von Anteilen älterer GmbHs.

6.4. Mehrstöckige GmbH, Konzern

Eine besondere Spielart der GmbH ist die mehrstöckige GmbH, also eine GmbH, an der eine oder mehrere GmbHs (oder andere juristische Personen) beteiligt sind, aber zunächst keine natürlichen Personen. Die Gründe für die Wahl derartiger Konstruktionen sind vielfältig und meist nicht im Gesellschaftsrecht, sondern im Konzernsteuerrecht verwurzelt und interessieren uns daher an dieser Stelle nicht.

6.4.1. Cash-Pooling

Durch die veränderte Fassung des § 30 GmbHG soll das bei der Konzernfinanzierung international gebräuchliche Cash-Pooling gesichert und auf eine verlässliche Rechtsgrundlage gestellt werden. Cash-Pooling ist ein Instrument zum Liquiditätsausgleich zwischen den Unternehmensteilen im Konzern. Dazu werden Mittel von den Tochtergesellschaften an die Muttergesellschaft zu einem gemeinsamen Cash-Management geleitet. Im Gegenzug erhalten die Tochtergesellschaften Rückzahlungsansprüche gegen die Muttergesellschaft. Obwohl das Cash-Pooling als Methode der Konzernfinanzierung als ökonomisch sinnvoll erachtet wird, ist auf Grund der neueren Rechtsprechung des Bundesgerichtshofes zu § 30 GmbHG in der Praxis eine Rechtsunsicherheit über dessen Zulässigkeit entstanden.

Die Neufassung trägt dieser Rechtsprechung Rechnung und gibt der Praxis gleichzeitig die nötige Klarheit; die Kapitalerhaltungsgrundsätze werden beibehalten. Es wird eine Regelung vorgeschlagen, die über das Cash-Pooling hinausreicht und alle Fälle von Krediten der Gesellschaft an ihre Gesellschafter erfasst. Das Cash-Pooling ist demnach zulässig, wenn es im Interesse der Gesellschaft (nicht der Konzernmutter oder im Interesse anderer Konzerngesellschaften!) liegt.

Zwei weitere Aspekte verdienen im Zusammenhang mit der Konzern-GmbH Beachtung, nämlich die Gesichtspunkte der Anonymität und der Durchgriffshaftung.

6.4.2. Anonymität

Es wurde bereits dargestellt, dass sich insbesondere GmbHs nicht dazu eignen, anonym zu handeln.[93] Dies gilt nach der Neuregelung erst recht.

Wer Geschäftsführer ist, steht als solcher im Handelsregister und auch die Personalien der Gesellschafter werden beim Register hinterlegt. Dennoch kann dem Wunsch nach Anonymität bei einer mehrstöckigen Konstruktion eher entsprochen werden als bei einer einstöckigen, insbesondere dann, wenn eine ausländische juristische Person (z.B. eine englische „Limited") Allein-Gesellschafterin einer GmbH ist. Diese ist wegen ihrer einfacheren Struktur besser als die deutsche GmbH geeignet, legal von Treuhändern gegründet und verwaltet zu werden,[94] so dass die natürliche Person so verhältnismäßig einfach vor den Augen der neugierigen Öffentlichkeit verborgen werden kann.

6.4.3. Durchgriffshaftung im Konzern

Ein weiterer interessanter Aspekt im Zusammenhang mit der mehrstöckigen GmbH ist die Durchgriffshaftung.[95] Was, so könnte man argumentieren, bedroht mich die Durchgriffshaftung in einer GmbH, wenn deren Gesellschafterin eine (bettelarme) „Limited" im fernen England ist? Die noch dazu selber so etwas Unangenehmes wie Unterkapitalisierung gar nicht kennt und deshalb den weiteren Durchgriff auf die hinter ihr

---

[93] siehe Kapitel 6.3
[94] vgl. Degenhardt, Die „Limited" in Deutschland, S. 46 f.
[95] dazu im Einzelnen: Kapitel 6.2.2

stehende natürliche Person jedenfalls aus diesem Grund kaum zulassen würde?[96]

Doch so einfach ist es nicht. Wo die Durchgriffshaftung an das Handeln einer natürlichen Person anknüpft (etwa bei Vermögensstraftaten, die mittels der GmbH begangen werden, z.B. Anlagebetrug), kommt es auf das juristische Konstrukt überhaupt nicht an, hier haftet der Handelnde als Täter persönlich, egal, ob er unmittelbar oder nur mittelbar an der GmbH beteiligt ist.

Anders ist dies unter Umständen bei den Sachverhalten der Durchgriffshaftung, die einen eher gesellschaftsbezogenen Charakter habe wie z.B. dem Tatbestand der Vermögensvermischung.[97] Dort muss man in der Tat die Frage stellen, ob sich die Durchgriffshaftung nicht tatsächlich in der Haftung der Gesellschafterin, also der „Limited", erschöpft, zumal eine vergleichbare Rechtsprechung für die „Limited" in ihrer Heimat nicht existiert.

In der Theorie ist dies zwar richtig, in der Praxis wird so etwas aber nur funktionieren, wenn die Vermögensvermischung allein auf der Ebene GmbH – Limited stattgefunden hat, der Gesellschafter der Limited hieran also nicht beteiligt war. Das freilich dürfte lebensfremd sein. Wer aber als Gesellschafter der Limited von der Vermögensvermischung profitiert, dürfte nach den Grundsätzen der Treuhänderschaft[98] unmittelbar der Durchgriffshaftung ausgesetzt sein, auch wenn es hierzu noch keine eindeutige Rechtsprechung gibt. Und: Wer die Limited wählt, um mit ihr zielgerichtet der deutschen Durchgriffshaf-

---

[96] In der „Limited" findet nur eine sehr beschränkte Durchgriffshaftung auf die Gesellschafter statt, die sich noch dazu ausschließlich nach ihrem Heimatrecht richtet. Näheres vgl. Degenhardt, Die „Limited" in Deutschland, S. 45 ff (ISBN: 3-937686-43-6)

[97] siehe oben Kapitel 6.2.2

[98] siehe oben Kapitel 6.2.2; BGH WM 77, 73

tung zu entgehen, verwirklicht meist den Tatbestand der vorsätzlichen sittenwidrigen Gläubigerschädigung (§ 826 BGB) und haftet schon von daher immer persönlich.

6.5. Die Unternehmergesellschaft

Neu ist die Einführung der kapitallosen Unternehmergesellschaft im Rahmen der großen GmbH-Reform. Hierbei handelt es sich ungeachtet der abweichenden Bezeichnung um eine vollwertige GmbH, die sich zunächst von einer „normalen" GmbH nur dadurch unterscheidet, dass sie über ein Stammkapital von unter 25.000 Euro verfügt.

Im Gegenzug hat der Unternehmer folgende Bedingungen zu beachten:

- Das Stammkapital muss vor Eintragung der Unternehmergesellschaft voll in bar eingezahlt sein.[99]

- Die Gesellschaft muss den Zusatz „Unternehmergesellschaft (haftungsbeschränkt)" oder „UG (haftungsbeschränkt)" führen.[100]

- In der Bilanz des Jahresabschlusses ist eine gesetzliche Rücklage zu bilden, in die ein Viertel des um einen Verlustvortrag aus dem Vorjahr geminderten Jahresüberschusses einzustellen ist. Die Rücklage darf nur die Umwandlung in Stammkapital verwandt werden.[101] Dies gilt so lange, bis das Mindest-Stammkapital einer GmbH erreicht ist. Danach kann die Gesellschaft den Zusatz „GmbH" führen, muss es aber nicht.[102]

---

[99] § 5a Abs. 2 GmbHG neu
[100] § 5a Abs. 1 GmbHG neu
[101] § 5a Abs. 3 GmbHG neu
[102] § 5a Abs. 5 GmbHG neu

- Anders als in § 49 Abs. 3 GmbHG vorgesehen muss die Versammlung der Gesellschafter bei drohender Zahlungsunfähigkeit unverzüglich einberufen werden.[103]

Mit Ausnahme der Pflicht, den stigmatisierenden Zusatz „Unternehmergesellschaft" zu führen, sind diese Einschränkungen in der Praxis relativ bedeutungslos. Auch die Pflicht zur Bildung einer gesetzlichen Rücklage für das Stammkapital spielt in den ersten Jahren vermutlich nur vereinzelt eine Rolle, da sie nur greift, wenn Bilanzgewinne erzielt werden.

Welche Bedeutung der Zusatz „Unternehmergesellschaft" in der unternehmerischen Praxis erlangen wird, bleibt abzuwarten. Das Publikum wird mit diesem Kürzel den Hinweis verbinden, dass bei diesem Konstrukt niemand persönlich haftet und ebenso kein Haftungskapital vorhanden ist. Die Situation ist also etwa mit der einer „Limited" vergleichbar, deren Einung zumindest für haftungsaffine Geschäftstätigkeiten (z.B. Gebrauchtfahrzeughandel, Immobilienvermittlung) eher negativ zu beurteilen ist. Für kleine Existenzgründungen im Dienstleistungssektor - hierfür ist sie ja auch gedacht - wird dies aber vermutlich keine große Rolle spielen.

---

[103] § 5a Abs. 4 GmbHG neu

IV. GRÜNDUNG EINER GMBH

Verschiedene Wege führen zur eigenen GmbH. Man kann sie gründen, man kann eine Vorratsgesellschaft kaufen und man kann eine schon seit längerem existierende „gebrauchte" GmbH übernehmen. Alle diese Wege haben ihre Vor- und Nachteile, die im Folgenden diskutiert werden.

Die Neugründung einer GmbH ist der preiswerteste Weg zu einer solchen Gesellschaft. Er hat darüber hinaus den Vorteil, dass man die gesamte Gründung wie eine Schwangerschaft begleiten kann und so frühzeitig mit den Besonderheiten seiner GmbH vertraut wird. Außerdem ist das Durchleben einer solchen Gründungsphase für den in Bezug auf eine GmbH unerfahrenen Unternehmer durchaus lehrreich.

Bislang kann die Gründung einer GmbH vom ersten bis zum letzten Schritt – der Eintragung der Gesellschaft ins Handelsregister – aber auch ebenso lang wie eine Schwangerschaft dauern. Mit einer Mindestdauer von zwei Monaten muss man immer rechnen, sechs Monate sind oftmals realistisch und manchmal werden eben Kinder schneller als GmbHs geboren.[104]

1. Beschleunigung der Gründung

Eine der zentralen Neuerungen des GmbH-Rechts besteht in der Beschleunigung der Gesellschaftsgründung. Vor dem geschilderten Hintergrund der gegenwärtigen Verfahrensdauer und dem Umstand, dass die Haftungsbeschränkung erst mit Eintragung der Gesellschaft in das Handelsregister eintritt, sie also im Regelfall auch erst dann genutzt werden kann, ist dies gemeinsam mit der Einführung der Unternehmergesellschaft

---

[104] Für die Gründung einer „Limited" wird in England für einen geringen Mehrpreis ein „Über-Nacht"-Service angeboten – die Gründung erfolgt also binnen 24 Stunden.

der zentrale Punkt der GmbH-Reform. Er geht einher mit der bereits erfolgten Einführung elektronischer Handelsregister.

Folgendes wurde geändert, um die Gründung zu beschleunigen:

1.1. Eintragung auch ohne staatliche Genehmigung

So entfällt künftig das Erfordernis, bei der Anmeldung zum Handelsregister die staatliche Genehmigung vorzulegen. Vielmehr soll die Versicherung ausreichen, dass die Genehmigung beantragt wurde. Die Genehmigung kann nachgereicht werden. Um die Handelsregistereintragung von Gesellschaften zu erleichtern, deren Unternehmensgegenstand genehmigungspflichtig ist, wird das Eintragungsverfahren von der verwaltungsrechtlichen Genehmigung abgekoppelt.

Das betrifft zum Beispiel Handwerks- und Restaurantbetriebe oder Bauträger, die eine gewerberechtliche Erlaubnis brauchen. Bislang kann eine solche Gesellschaft nur dann in das Handelsregister eingetragen werden, wenn bereits bei der Anmeldung zur Eintragung die staatliche Genehmigungsurkunde vorliegt.[105]

Das langsamste Verfahren bestimmt also das Tempo. Zukünftig soll anstelle der Genehmigung die Versicherung genügen, dass die Genehmigung bei der zuständigen Stelle beantragt worden ist. Damit keine Gesellschaften ohne Betriebsgenehmigung dauerhaft im Handelsregister verzeichnet sind, muss die Erteilung der Genehmigung innerhalb von drei Monaten nach der Eintragung beim Registergericht nachgewiesen werden. Andernfalls ist die Gesellschaft von Amts wegen zu löschen.[106] Dadurch wird die Gründung in vielen Fälle erheblich beschleunigt.

---

[105] § 8 Abs. 6 GmbHG
[106] Art. 1 Nr. 4 MoMiG

1.2. Umstellung auf elektronische Register

Hinzu kommt, dass nach dem EHUG[107] Handels-, Genossenschafts- und Partnerschaftsregister auf den elektronischen Betrieb umgestellt wurden.

Die zur Gründung der GmbH erforderlichen Unterlagen können künftig grundsätzlich nur noch elektronisch beim Handelsregister eingereicht werden. Eine notarielle Beglaubigung der Anmeldungen bleibt erforderlich, kann aber ebenfalls elektronisch erfolgen. Der Notar übermittelt die Anmeldung und die weiteren Dokumente über das elektronische Gerichtspostfach elektronisch an das zuständige Registergericht. Dort können die Daten unmittelbar in die Register übernommen werden. Über Anmeldungen zur Eintragung soll unverzüglich entschieden werden. Falls erforderlich, wird die IHK künftig elektronisch beteiligt. Zudem sollen die Ausnahmen vom Erfordernis eines Kostenvorschusses erweitert werden. Handelsregistereintragungen sollen nur noch elektronisch bekannt gemacht werden. Die Daten sind dann für jedermann über das Internet einsehbar.

1.3. Verzicht auf Sicherheitsleistungen bei Ein-Mann-Gesellschaften

Beschleunigt wird insbesondere die Gründung von Ein-Personen-GmbHs. Hier wird auf die Stellung besonderer Sicherheitsleistungen verzichtet.[108]

Nach altem Recht darf eine Ein-Personen-GmbH erst dann in das Handelsregister eingetragen werden, wenn der Gesellschafter für den noch nicht erbrachten Teil seiner Geldeinlage eine Sicherung bestellt hat. Diese besonderen Sicherungen

---

[107] siehe Fußnote 106
[108] Art. 1 Nr. 6 MoMiG

sind jedoch verzichtbar und bedeuten lediglich eine unnötige Komplizierung der Gründung einer Ein-Personen-GmbH. Die bisherigen Anforderungen gehen auch über die Vorgaben der EU-Richtlinie zur Ein-Personen-Gesellschaft von 1989 hinaus.

1.4. Muster-Protokolle

Für unkomplizierte Standardgründungen werden zwei Musterprotokolle zur Verfügung gestellt, die drei Dokumente (Satzung, Geschäftsführerbestellung und Gesellschafterliste) zusammenfassen und Kosten beim Notar sparen helfen.[109]

Voraussetzung hierfür ist eine Bargründung (keine Sachgründung) und eine Beschränkung auf höchstens drei Gesellschafter.

Diese Protokolle werden in der Praxis jedoch keine große Bedeutung erlangen.

2. Grundsätzliche Überlegungen vor der Gründung einer GmbH

2.1. Struktur der GmbH

Wer seine GmbH für seine gewerblichen Zwecke nutzen möchte, sollte sie so sorgfältig wie möglich für seine Zwecke strukturieren. Dies ist umso wichtiger, als das Recht der GmbH weite Gestaltungsspielräume zulässt und nachträgliche Änderungen wegen der zwingenden Beurkundungspflicht teuer werden.

---

[109] abgedruckt unter www.bmj.bund.de

Zunächst einmal muss man sich über einige grundlegende Dinge klar werden. Dies betrifft den Tätigkeitsbereich der GmbH ebenso wie den Kreis der Gesellschafter und Geschäftsführer. Bei diesen Dingen ist es auch meist müßig, Dritte um Rat zu fragen. Hier geht es noch nicht vordergründig um rechtliche Fragen, sondern darum, was die GmbH überhaupt leisten können soll, wer sich daran beteiligen soll und wer die Gesellschaft wie führen soll. In der Konstellation der Ein-Mann-GmbH naturgemäß kein wirkliches Problem, aber es gibt gute Gründe, eine Mehr-Personen-Gesellschaft zu wählen.

2.2. Tätigkeitsbereich

Die Abgrenzung und hinreichende Bestimmung des Tätigkeitsbereiches der GmbH ist in mehrfacher Hinsicht von Bedeutung.

Zum einen muss er die tatsächliche Tätigkeit der späteren GmbH abdecken. Es genügt nicht, den Zweck der GmbH („Gewinnerzielungsabsicht") anzugeben,[110] erforderlich ist vielmehr eine Definition des Unternehmensgegenstandes („Betrieb von Autohäusern"). Das klingt leichter, als es in vielen Fällen tatsächlich ist. Immerhin soll die GmbH ja lange existieren, also ist es sehr wahrscheinlich, dass sie sich eines Tages auch mit anderen Dingen befasst als ursprünglich angedacht. Hinzu kommt, dass es auch eine Reihe von Annexgeschäften zum hauptsächlichen Unternehmensgegenstand gibt, die bedacht werden wollen. Eine GmbH etwa, sie einen Autohandel betreibt, sollte ihren Geschäftszweck von vorne herein auch auf den Erwerb und die Verwaltung der Betriebsimmobilie ausrichten, auch wenn sie derzeit nur Mieterin ist. Natürlich kann man den Zweck der GmbH später entsprechend än-

---

[110] Roth in Roth/Altmeppen, GmbHG, § 3 Rz. 25

dern, dies kostet aber zusätzliches Geld, da es ein erneutes beurkundungspflichtiges Geschäft ist.[111]

Zum zweiten muss man darauf achten, den Geschäftszweck nicht so weit zu fassen, dass er unnötigerweise erlaubnispflichtige Tatbestände erfasst. Wer bei der „Verwaltung von Immobilien" das Wort „eigene" vergisst, rutscht automatisch in die Erlaubnispflicht nach § 34c GewO. Wer nicht tatsächlich als Makler oder Bauträger etc. tätig werden will, sollte sich diese gewerberechtliche Zuverlässigkeitsprüfung ersparen, auch wenn sie zu keiner weiteren Verzögerung im Gründungsverfahren mehr führt.

2.3. Wahl der richtigen Firma

Ein wichtiger Punkt bei der Gründung einer GmbH ist deren Firma, also der Handelsname der GmbH, unter der sie nach außen auftritt.[112]

Die GmbH ist – anders als Personengesellschaften oder Kaufleute – zur Führung einer Sachfirma berechtigt (aber nicht verpflichtet). Die Namen der Handelnden müssen daher in der Firmierung nicht erscheinen, für viele ein großer Vorteil der GmbH, der freilich durch die Vorschrift relativiert wird, wonach auf Geschäftsbriefen der GmbH die Person des Geschäftsführers zwingend kenntlich gemacht werden muss.[113]

Das Firmenrecht wurde unlängst weitgehend liberalisiert, hiervon profitiert auch die GmbH. So sind jetzt Phantasiebezeichnungen ausdrücklich zugelassen.[114] Natürlich muss die Firma der GmbH auch den allgemeinen firmenrechtlichen

---

[111] § 53 GmbHG
[112] §§ 17 ff HGB, siehe Anhang Ziff. VI 5.5
[113] § 35a GmbHG
[114] Scholz/Emmerich GmbHG § 4 Rz. 6

Anforderungen des Handelsgesetzbuches entsprechen, sie muss also kennzeichnend, unterscheidend und nicht irreführend sein.[115] Insoweit gilt auch für die Sachfirma der GmbH nichts Besonderes.[116]

Hier sind zusätzlich zwei Dinge zu berücksichtigen: Die GmbH kann zwar durchaus mehrere unterschiedliche Unternehmen führen, jedoch immer nur eine Firma.[117] Dies ist beim Einzelkaufmann anders.

Es gilt – auch im Fall einer Firmenfortführung nach § 22 HGB (eine GmbH kauft ein Einzel-Unternehmen und führt es und die alte Firma fort) - die unbedingte Pflicht, immer und ausnahmslos die Bezeichnung „Gesellschaft mit beschränkter Haftung" oder eines der eingebürgerten Kürzel (Ges. m.b.H, Gesellschaft m.b.H., GmbH, G.m.b.H.) als Firmenbestandteil zu führen.[118]

2.4. Gesellschafterkreis, Familiengesellschaft

Von grundsätzlicher Bedeutung ist naturgemäß, im Vorfeld den Gesellschafterkreis zu bestimmen.

Auch wer ein überzeugter Verfechter einer Ein-Mann-GmbH ist, sollte gleichwohl erwägen, einen zweiten Gesellschafter aufzunehmen. Zwar sind die Vorteile bei der Gründung von Mehr-Personen-GmbHs gegenüber der Ein-Mann-GmbH egalisiert, jedoch kommen unter Umständen Vorteile in Bezug auf die Grundsätze der Durchgriffshaftung in Betracht. Es wurde bereits dargestellt, dass insbesondere Ein-Personen-

---

[115] vgl. §§ 17 ff HGB
[116] Einzelheiten zum allgemeinen Firmenrecht bei Baumbach/Hopt, HGB, § 17 Rz. 1 ff
[117] Scholz/Emmerich, GmbHG, § 4 Rz. 6
[118] § 4 GmbHG

Gesellschaften besonders anfällig für die Durchgriffshaftung sind, da ihnen die fehlende Kontrolle der Geschäftsführung durch den Gesellschafter immanent ist. Wer einen zweiten, von der eigenen Person unabhängigen Gesellschafter aufnimmt, wird nicht so schnell wie der „Ein-Mann-Gesellschafter-Geschäftsführer" in den Ruch der Vermögensvermischung kommen[119]. Allerdings ist das Problem der Durchgriffshaftung kein alleiniges Phänomen der Ein-Mann-GmbH, es kann überall auftreten.

Auch Minderjährige können Gesellschafter (nicht aber Geschäftsführer!) einer GmbH werden, allerdings ist hierfür nach herrschender Meinung eine Genehmigung des Vormundschaftsgerichts nach § 1822 BGB erforderlich,[120] was diesen Weg unpraktikabel erscheinen lässt.

2.5. Geschäftsführer

Wenn Klarheit über den Gesellschafterkreis besteht, muss über die Geschäftsführung nachgedacht werden.

Wer einen Fremdgeschäftsführer einstellt (oder wenn nur eine Person aus dem Gesellschafterkreis Geschäftsführer werden soll), wenn also die Kontrollrechte der Gesellschafter von größerer Bedeutung als etwa in der Ein-Mann-GmbH sind, müssen grundsätzliche Regelungen über die Befugnisse der Geschäftsführer angedacht werden. Hierzu mehr gleich beim Thema Satzung.

Im Vorfeld sollte man aber immer berücksichtigen, dass viele spätere Streitigkeiten vermieden werden können, wenn die Geschäftsführungsbefugnisse der Beteiligung an der Gesellschaft entsprechen. Halten etwa zwei Personen je 50% einer

---

[119] vgl. Kapitel III 6.2.2
[120] wegen der belastenden Nachschusspflicht gem. § 24 GmbHG, Münchner Komm./Scholz § 1822 Rz. 25)

GmbH, spricht viel dafür, beide zu gleichberechtigten Geschäftsführern zu bestellen. Sind die Beteiligungsverhältnisse hingegen asymmetrisch, ist der Keim zum Dissens gelegt, wenn der Minderheitsgesellschafter auf Geschäftsführerebene gleiche Befugnisse hat. Auf der anderen Seite bereiten paritätische GmbHs oftmals große, unauflösbare Probleme, wenn sie die Gesellschafter zerstreiten. In dem Fall ist es besser für das Unternehmen, wenn letztlich einer das Sagen hat.

Hat die GmbH mehrere Geschäftsführer, so muss überlegt werden, wie deren Kompetenzen voneinander abgegrenzt werden. Allen im Außenverhältnis alles zu gestatten und die Kompetenzverteilung auf das Innenverhältnis zu beschränken – etwa im Rahmen der Geschäftsführer-Anstellungsverträge – ist eine praktikable, weil flexible Variante, die freilich dann keinen Schutz bietet, wenn ein Geschäftsführer seine Kompetenzen überschreitet und die Gesellschaft unverhältnismäßig verpflichtet. Ist eine solche Gefahr – z.B. bei einem Fremdgeschäftsführer – absehbar, muss die Kompetenzverteilung allerdings in der Satzung festgeschrieben werden.

Ein besonderes Problem in der Praxis wirft oftmals die Verteilung der Kompetenz in kaufmännische und technische Befugnisse auf. Während der Techniker brav vor sich hin werkelt, gibt der Kaufmann das Geld aus und sorgt so für latenten Unfrieden. So sinnvoll eine derartige Kompetenzverteilung in der Sache auch sein mag, so sehr ist sie auch geeignet, für nachhaltigen Unfrieden zu sorgen. Man sollte eine derartige Kompetenzverteilung nur dann wählen, wenn sie aus Gründen der Spezialisierung wirklich erforderlich ist, also nur bei Unternehmen mit hohem Umsatz und einem entsprechend ausgeprägten kaufmännischen Betrieb.

Nach den Vorschriften des GmbH-Gesetzes sind Geschäftsführer immer und unabhängig von dem Bestand und dem Inhalt des Anstellungsvertrages von der Gesellschafterversammlung abrufbar;[121] sie kann jedoch in der Satzung auf das Vorliegen eines wichtigen Grundes beschränkt werden,[122] was immer dann sinnvoll ist, wenn die Person des Geschäftsführers für den Geschäftsgegenstand der GmbH von zentraler Bedeutung ist, er also solange unverzichtbar ist, wie er keinen wichtigen Kündigungsgrund (z.b. Handeln gegen das Interesse der Gesellschaft,[123] Straftaten in Zusammenhang mit der Geschäftsführung, Verstöße gegen satzungsmäßige oder vertragliche Verpflichtungen gegenüber der GmbH[124] oder Ähnliches). Formulierungen hierzu finden sich in der Mustersatzung im Anhang.[125]

3. Formulierung der Satzung

Ist man sich über die Grundzüge seiner GmbH im Klaren, kann man an die konkrete Gründung gehen. Diese beginnt mit der Ausformulierung der Satzung.

Und spätestens hier stellt sich erstmals eine Frage, die sich wie ein roter Faden durch den gesamten Gründungsprozess zieht: Soll ich mich hierbei beraten lassen?

Die Antwort ist sehr vom Einzelfall abhängig. Klar ist: wer eine komplexe, große, wirtschaftlich bedeutende GmbH mit mehreren Geschäftsführern und Gesellschaftern gründet, kommt an umfassender anwaltlicher Beratung bereits im Vorfeld nicht vorbei. Doch was ist mit der kleinen Ein-Mann-GmbH, die ein durchaus erfahrener selbständiger Kaufmann gründet, um seine Geschäfte fortan über sie abzuwickeln? Hier genügt im Regelfall die Beratung durch den (zwingend einzu-

---

[121] § 38 Abs. 1 GmbHG
[122] § 38 Abs. 2 GmbHG
[123] § 43 GmbHG
[124] § 37 Abs. 1 GmbHG
[125] vgl. Kapitel VI 1

schaltenden) Notar. Wer mit einer konkreten Satzungsidee zum Notar kommt, hat Anspruch darauf, dass dieser den Entwurf im Rahmen seiner Notartätigkeit prüft, ohne dafür besondere Gebühren zu erheben. Selbst die Erstellung des Urkundenentwurfes als solchem ist Teil der Beurkundung und daher von der Beurkundungsgebühr mit umfasst.[126] Das betrifft freilich nur den beurkundungspflichtigen Teil des Geschäfts, nicht aber automatisch auch alles andere, was damit zusammenhängt. Bei der Gründung der GmbH bedarf die Satzung jedoch bereits als solche der notariellen Form,[127] ihr Entwurf ist daher jedenfalls in den Grenzen des zwingend vorgeschriebenen Inhalts[128] von den Gebühren des Notars für die Beurkundung mit abgegolten. Doch gilt das auch für andere Dinge wie etwa Einzelheiten zur Frage, was bei der Pfändung von Geschäftsanteilen durch Gläubiger von Gesellschaftern geschieht? Oder Fragen der Erbfolge in Geschäftsanteile? Oder eine detaillierte firmenrechtliche Beratung? Darf der Notar in diesen Fällen gesondert abrechnen oder ist seine Tätigkeit auch insoweit von den Beurkundungsgebühren abgegolten?

Die Abgrenzung ist fließend und nicht immer einfach zu treffen. Es gibt Bereiche, in denen der Notar überhaupt nicht beraten darf. Dann stellt sich auch nicht die Gebührenfrage. So darf der unparteiische Notar unter keinen Umständen nur einen von mehreren Gesellschaftern beraten, wenn es etwa darum geht, die Rechte der Gesellschafter voneinander abzugrenzen. In anderen Fällen gilt: Besteht ein enger innerer Zusammenhang mit der Urkundstätigkeit und stellt die Betreuung eine der Urkundstätigkeit zuzurechnende unselbständige Nebentätigkeit dar, so löst die weitere Betreuung keine gesonderte Gebühr aus. Unselbständig sind in der Regel alle Handlungen, die der Notar nicht aufgrund eines besonderen Ansuchens

---

[126] § 24 Abs. 1 BNotO
[127] § 2 Abs. 1 Satz 1 GmbHG
[128] vgl. § 3 GmbHG und oben Ziff. III 5

übernimmt, sondern die ihm zur Abwicklung einer anderen Tätigkeit als Amtspflicht obliegt.[129] Ob dies der Fall ist, wird man nur unter Berücksichtigung aller Umstände des Einzelfalls nachvollziehen können, in den meisten Fällen wird man jedoch davon auszugehen haben, dass der Notar im Rahmen der Beurkundung einer GmbH-Gründung auch umfassend über die Satzung und ihren Inhalt zu belehren und beraten hat und dass diese Beratung auch z.B. die oben angesprochenen Fragen erfasst.

4. Der Notar

Der Notar prüft zunächst das Vorhaben. Im besten Fall – er hat nichts Wesentliches auszusetzen und äußert keine Bedenken gegen das Unternehmen – wird er die Satzung entwerfen und beurkunden und die Anmeldeunterlagen für die GmbH beglaubigen. Hierzu müssen alle Gesellschafter und Geschäftsführer anwesend oder wirksam vertreten sein und sich ausweisen. Vollmachten zur Gründung bedürfen immer der notariell errichteten oder beglaubigten Vollmacht.[130]

Wohnen die beteiligten Personen an weit voneinander entfernten Orten, besteht auch die Möglichkeit, dass bei der Beurkundung eine andere Person als vollmachtloser Vertreter auftritt und der entfernte Gesellschafter die Urkunde dann an seinem Wohnort bei einem dortigen Notar persönlich genehmigt. Die hiermit verbundenen Mehrkosten sind geringer als die einer notariell errichteten Gründungsvollmacht, zu berücksichtigen ist aber auch der mit einem solchen Verfahren zwangsläufig einhergehende Zeitverlust, denn der Notar kann keinen Eintragungsantrag beim Handelsregister stellen, ohne dass ihm alle Erklärungen abschließend in der erforderlichen Form vorliegen.

---

[129] grdl. BGH DNotZ 1979, 494
[130] § 2 Abs. 2 GmbHG

Anschließend wird der Notar gemeinsam mit den Gesellschaftern die Satzung der GmbH die erforderlichen amtlichen Stellungnahmen und Genehmigungen einholen.

5. Genehmigungen, Stellungnahmen

Beim zuständigen Wirtschaftsverband (meist der Industrie- und Handelskammer) muss angefragt werden, ob Bedenken gegen die gewählte Firmierung bestehen. Dies erledigt in der Regel der Notar. Die Dauer der Stellungnahme der Handelskammer ist schwer zu kalkulieren und hängt wesentlich von der Nähe der gewählten Firma zu bereits existierenden Firmen ab. Nunmehr wird auch die Stellungnahme einer IHK auf elektronischem Wege eingeholt, um die Gründung zu beschleunigen.

In Fällen einer erlaubnispflichtigen Tätigkeit (z.B. nach § 34c GewO) muss darüber hinaus die erforderliche Erlaubnis eingeholt werden. Diese ist regelmäßig mit einen Zuverlässigkeitsnachweis der handelnden Personen (Vorstrafen, frühere Verstöße gegen das Gewerberecht etc.) verbunden. Diese Prüfung hindert jedoch nicht mehr die Eintragung der GmbH, es muss jedoch innerhalb von drei Monaten nachgewiesen werden, dass die Genehmigung erteilt wurde, andernfalls wird die Gesellschaft wieder gelöscht.[131]

6. Einzahlung des Stammkapitals

Spätestens wenn alle etwaig erforderlichen Genehmigungen und Stellungnahmen vorliegen, muss das Stammkapital eingezahlt werden. Dieses beträgt mindestens 25.000 Euro, nach oben sind keine Grenzen gesetzt. Wer eine Bargründung wählt (zur Sachgründung gleich), eröffnet ein Konto auf den Namen

---

[131] siehe oben Kapitel IV 1.2

der „XY-GmbH in Gründung" und zahlt den Betrag des Stammkapitals ein. Der Notar erhält einen Original-Kontoauszug des Kontos als Nachweis der Bereitstellung des Stammkapitals. Möglich ist auch, ein Konto auf den Namen eines Gesellschafters zur eröffnen, das dann die Bezeichnung „für XY-GmbH" trägt. In jedem Fall ist bereits jetzt unbedingte Sorge zu tragen, dass keinerlei Vermögensvermischung erfolgt,[132] andernfalls droht die Durchgriffshaftung in das Privatvermögen.

Es genügt zunächst die Einzahlung von ¼ des Stammkapitals, mindestens jedoch 12.500 Euro. Auch der einzige Gesellschafter einer GmbH kann von diesem Privileg Gebrauch machen, er muss den Restbetrag nun auch nicht mehr werthaltig absichern.[133]

7. Sachgründung

Von der Möglichkeit der Sachgründung machen nur die wenigsten Gründer Gebrauch, da sie zeitaufwendig ist. So ist dem Gründer zwar grundsätzlich gestattet, anstelle von Geld Sacheinlagen in die GmbH einzubringen, wegen der damit verbundenen Missbrauchsgefahr muss jedoch immer eine objektive Bewertung der eingebrachten Vermögenswerte erfolgen,[134] die naturgemäß teuer und langwierig ist.

Hinzu kommt das Problem der Nachhaltigkeit: werden etwa Vermögenswerte in die GmbH eingebracht, deren dauerhafter Wert zweifelhaft ist (etwa Urheberrechte an Büchern in eine Verlags-GmbH, deren Wert unter Umständen binnen kurzem wesentlich verlieren kann; gleiches kann z.B. für die Einbringung eines teuren, exotischen Fahrzeugs in die GmbH gelten),

---

[132] siehe hierzu im einzelnen Kapitel III 6.2.2
[133] siehe hierzu im Einzelnen oben Kapitel III 6
[134] § 5 Abs. 4 GmbHG; § 8 Abs. 1 Ziff. 5 GmbHG

so hindert das zwar nicht deren Gründung (sofern der Wert der eingebrachten Vermögensgegenstände im Gründungszeitpunkt nachgewiesen ist), aber es besteht das Risiko der Unterkapitalisierung der Gesellschaft, mit der eine Pflicht einhergeht, Insolvenz anzumelden[135] (oder eben Kapital nachzuschießen). Die Sachgründung eignet sich daher nur in seltenen Fällen (es sind objektiv bewertete, nachhaltige Vermögenswerte vorhanden, die nicht zum Verkauf vorgesehen sind, z.b. Immobilien) zur raschen Gründung einer einfachen, unkomplizierten GmbH und selbst dann ist es oftmals ratsamer, die Vermögensgegenstände zu beleihen als sie für eine Sachgründung zu verwenden.

Wer gleichwohl den Weg einer Sachgründung wählt, muss einen Sachgründungsbericht aufstellen,[136] der die für die Angemessenheit der Sacheinlagen maßgeblichen Umstände darlegt. In der Regel wird man hierzu Bewertungsgutachten von öffentlich bestellten Gutachtern vorlegen, zwingend vorgeschrieben sind solche freilich nicht. Wer z.B. ein Einzelunternehmen in eine GmbH einbringt (der Autohandel wurde bislang unter einer Einzelfirma geführt und nun in eine GmbH überführt werden, das Inventar soll als Sacheinlage dienen), muss darüber hinaus die Jahresergebnisse der beiden letzten Geschäftsjahre angeben,[137] um den nachhaltigen Wert der Sacheinlagen zu dokumentieren. Bei der Anmeldung der Gesellschaft zum Handelsregister müssen schließlich die Unterlagen beigefügt werden, aus denen sich ergibt, dass der Wert der Sacheinlagen den Betrag der übernommenen Stammeinlagen erreicht.[138] Hierfür reicht in der Regel der mit den Wertgutachten versehene Sachgründungsbericht aus.

---

[135] § 64 GmbHG
[136] § 5 Abs. 4 Satz 2 GmbHG
[137] § 5 Abs. 4 GmbHG
[138] § 8 Abs. 1 Ziff. 5 GmbHG

8. Anmeldung zum Handelsregister

Nun kann der Notar die Anmeldung der GmbH zum Handelsregister zusammenstellen. Diese muss enthalten:[139]

- den Gesellschaftsvertrag
- die Legitimation der Geschäftsführer
- eine von den Anmeldenden unterschriebene Liste der Gesellschafter, aus welcher Name, Vorname, Geburtsdatum und Wohnort der letzteren sowie der Betrag der von einem jeden derselben übernommenen Stammeinlage ersichtlich ist,
- im Fall der Sachgründung die Verträge, die den Festsetzungen zugrunde liegen oder zu ihrer Ausführung geschlossen worden sind, und der Sachgründungsbericht,
- im Fall der Sachgründung Unterlagen darüber, dass der Wert der Sacheinlagen den Betrag der dafür übernommenen Stammeinlagen erreicht

In der Anmeldung ist die Versicherung abzugeben, dass die Stammeinlagen unwiderruflich erbracht sind und dass der Gegenstand der Leistungen sich endgültig in der freien Verfügung der Geschäftsführer befindet. Ferner haben die Geschäftsführer zu versichern, dass keine Umstände vorliegen, die ihrer Bestellung entgegenstehen und den Umfang ihrer Vertretungsbefugnis darzulegen.

Die Anmeldung erfolgt mit Umsetzung des EHUG auf elektronischem Weg.

---

[139] § 8 GmbHG

9. Eintrag ins Handelsregister

Das beim zuständigen Amtsgericht belegene Handelsregister prüft den Eintragungsantrag. Stellt es Fehler fest, gibt es in der Regel zunächst die Gelegenheit zur Nachbesserung scheitert diese oder sind die Fehler in der Gründung oder Anmeldung grundsätzlicher Natur, lehnt es die Eintragung ab[140]. Andernfalls wird die GmbH in die zweite Abteilung des Handelsregisters eingetragen, erhält eine Registrierungsnummer und ist damit errichtet. Sie entsteht erst zu diesem späten Zeitpunkt.[141]

In das Handelsregister wird folgendes eingetragen:[142]

- Firma der GmbH
- Sitz der Gesellschaft
- Zweck der GmbH
- Höhe des Stammkapitals gem. der Satzung
- Name, Geburtsdatum und Wohnort der Geschäftsführer
- Ggf. Prokura
- Liste der Gesellschafter der GmbH
- Rechtsverhältnisse der GmbH (etwa Bestimmung der aktuellen Fassung der Satzung, Vertretungsbefugnis der Geschäftsführer und Prokuristen, Ausnahmen vom Verbot des Selbstkontrahierens oder Ähnliches

---

[140] § 9c GmbHG
[141] § 11 Abs. 1 HGB, zum Rechtszustand vor der Eintragung vgl. Ziff. 11 in diesem Kapitel
[142] § 10 GmbHG

Die Eintragungen im Handelsregister sind öffentlich und werden mit Umsetzung des EHUG nur noch auf elektronischem Weg veröffentlicht.

Zu beachten ist ferner, dass jede nachträgliche Änderung aller eintragungsrelevanten Tatsachen ihrerseits einzutragen ist.

10. Gewerbeaufsicht, Finanzamt

Nimmt die GmbH erst an dieser Stelle ihre gewerbliche Tätigkeit auf, muss sie dies dem zuständigen Gewerbeaufsichtsamt und dem Finanzamt für Körperschaften anzeigen. Die Anmeldung bei den Finanzbehörden ist kostenfrei, für die Anmeldung beim Gewerbeaufsichtsamt sind (regional verschieden) geringe Gebühren fällig.

Eine Eröffnungsbilanz muss gefertigt werden. Nimmt, wie vielfach üblich, die GmbH bzw. die hinter ihr stehenden Personen bereits im Gründungs- oder gar im Vorgründungsstadium ihr Gewerbe auf,[143] so ist dieser Schritt natürlich bereits zu diesem Zeitpunkt fällig. Für erlaubnispflichtige Gewerbe gilt unabhängig von der Rechtsform des Unternehmens, dass die erforderliche Erlaubnis spätestens bei Aufnahme der Tätigkeit vorliegen muss.

Ob im Einzelfall die einer natürlichen Person erteilte Erlaubnis auf eine von dieser Person beherrschte GmbH übergeht, hängt von dem Charakter des Erlaubnisvorbehalts ab. Ist diese höchstpersönlicher Natur, gilt sie nicht für die GmbH, sollte aber auch für diese leicht zu erlangen sein, wenn die handelnden Personen identisch sind.

---

[143] Einzelheiten Ziff. 11 in diesem Kapitel

11. Kosten und Gebühren

Man kann die Kosten im wesentlich in vier Bereiche einteilen, nämlich die Kosten des Notars, die des Handelsregisters, die anderer beteiligter Behörden bzw. Körperschaften und die eventueller juristischer Berater.

11.1. Notar

Der Notar erhält für die Beurkundung der Satzung einer Ein-Mann-GmbH eine 10/10 Gebühr,[144] sind mehrere Gesellschafter vorhanden, berechnet er eine 20/10 Gebühr.[145] Der Geschäftswert wird im Regelfall mit dem gezeichneten Stammkapital übereinstimmen, also meist 25.000 Euro betragen. Bei einem Wert von 25.000 Euro beträgt eine 10/10 Gebühr zurzeit 84,00 Euro (zzgl. Umsatzsteuer).

Für die Bestellung eines Geschäftsführers fällt eine weitere 20/10 Gebühr an,[146] deren Wert sich ebenfalls am Stammkapital orientiert.[147]

Für die Anmeldung der GmbH beim Handelsregister erhält der Notar eine weitere 5/10 Gebühr,[148] so dass sich sein Gebührenanspruch (sofern keine weitere gebührenpflichtige Tätigkeit vorliegt[149]) im Normalfall auf folgende Größenordnung beläuft:

---

[144] § 36 Abs. 1 KostO
[145] § 36 Abs. 2 KostO
[146] § 47 KostO
[147] § 26 Abs. 4 Nr. 1 KostO
[148] § 38 Abs. 2 KostO
[149] vgl. dazu im Einzelnen oben Ziff. IV 2

Ein-Mann-GmbH:

bisher: 35/10 Geb. aus 25.000 Euro = 294,00 Euro

Zwei-Personen-GmbH:

bisher: 45/10 Geb. aus 25.000 Euro = 378,00 Euro

Hinzu kommen die Auslagen des Notars und die gesetzliche Mehrwertsteuer. Im Normalfall ist es wegen der Vorsteuerabzugsberechtigung sowie der steuerlichen Abzugsfähigkeit der Gründungskosten angezeigt, die Rechnung an die GmbH (in Gründung) zu adressieren und von deren Konto anzuweisen.

11.2. Register

Das Handelsregister berechnet für die Eintragung der GmbH eine 10/10 Gebühr,[150] deren Wert auch im Fall einer GmbH mit einem geringeren Mindeststammkapital immer mindestens 50.000 Euro beträgt.[151] Die Höhe einer 10/10 Gebühr nach einem Wert von 50.000 Euro beträgt zurzeit 132,00 Euro.

11.3. Andere Stellen

Die Kosten für die zwingende Mitwirkung anderer Stellen (Gewerbeaufsichtsamt, IHK, andere Stellen) sind regional unterschiedlich, aber auch in der Summe vergleichsweise gering.

---

[150] § 79 KostO

[151] § 26 Abs. 3 Nr. 3 KostO, bei mehreren eintragungspflichtigen Tatsachen bestimmt sich der Wert nach der Wertesumme (§ 26 Abs. 8 KostO)

11.4. Rechtsanwalt

Die Kalkulation von anwaltlichen Beratungskosten ist schwierig. Seit 2004 gilt das Rechtsanwaltsvergütungsgesetz, das die langjährige Bundesrechtsanwaltsgebührenordnung abgelöst hat und in vielen Fällen die Anwaltskosten nicht unerheblich in die Höhe getrieben hat. Die Behandlung von außergerichtlicher Beratung - um die es hier geht - ist nach wie vor wenig klar geregelt und lässt einen weiten Beurteilungsspielraum, der die Prognose der Anwaltskosten in diesem Sektor schwierig macht. Als grobe Richtschnur kann man für die einfache Beratung eines Rechtsanwalts eine 5/10 Mittelgebühr[152] (434,00 Euro, zzgl. Auslagen und Umsatzsteuer bei einem Wert von 25.000 Euro) veranschlagen. Im Einzelfall ist der konkrete Gebührenansatz nicht immer leicht zu prognostizieren, so dass man sich vorher danach erkundigen sollte.

12. GmbH in Gründung

Erst mit dieser Eintragung entsteht die Gesellschaft, erst hiermit ist sie rechtsfähig und kann im Rechtsverkehr handeln. Zu diesem Zeitpunkt beginnt auch erstmals der Schutz der Handelnden vor der persönlichen Inanspruchnahme für Verbindlichkeiten der Gesellschaft.[155]

Doch was geschieht in der Zeit zwischen Gründung und Eintragung? Muss man bis zur Eintragung warten, bis man das Gewerbe aufnehmen kann? Diese Frage ist oftmals von praktischer Bedeutung, denn wer will mit der Aufnahme seiner gewerblichen Tätigkeit schon warten? Natürlich könnte man diese Phase überbrücken, indem man zunächst im Rahmen

---

[152] Ziff. 2100 Anlage 1 zum RVG
[155] § 11 Abs. 1 GmbHG

einer Einzelfirma tätig wird, aber dann müsste man das Gewerbe innerhalb kurzer Zeit beim Gewerbeaufsichtsamt und dem Finanzamt an- und abmelden, mit allen damit verbundenen Formalien und Erklärungen. Es wäre oftmals besser, schon im Vorfeld die GmbH in Gründung nutzen zu können, auch wenn diese den Handelnden zweifelsfrei keinen Schutz vor persönlicher Inspruchnahme bietet.[156]

Das Gesetz erlaubt denn auch die Aufnahme der gewerblichen Tätigkeit im Rahmen der Satzung durch die „GmbH in Gründung", wobei es ausdrücklich erklärt, dass die Handelnden – also in erster Linie der Geschäftsführer, unter Umständen aber auch ein Gesellschafter – für alle durch ihre Tätigkeiten verursachten Verbindlichkeiten, gleich welcher Art, persönlich haften,[157] Die GmbH in Gründung oder sog. Vor-GmbH entsteht mit Verabschiedung der Satzung beim Notar und endet mit der Eintragung (oder mit der rechtskräftigen Abweisung des Eintragungsantrages) und unterscheidet sich in ihrer gewerberechtlichen oder steuerrechtlichen Behandlung nicht von der späteren (Voll-) GmbH. Letzteres gilt selbst dann, wenn die Satzung nachträglich (z.B. auf Geheiß des Handelsregisters) geändert werden muss, die steuerrechtlich Identität zwischen Vor-GmbH und GmbH ist erst dann nicht mehr gewahrt, wenn der Unternehmenszweck grundlegend verändert wird oder der Gesellschafterkreis grundlegende Veränderungen erfährt. Die Grundsätze der Vor-GmbH gelten auch für Ein-Mann-GmbHs im Gründungsstadium, wenngleich die dogmatische Herleitung dieser Rechtsfolge umstritten ist,[158] was uns freilich nicht weiter interessiert, da das Ergebnis von allen gleichermaßen gutgeheißen wird.

Vor dem Hintergrund der eintretenden deutlichen Beschleunigung der Eintragung von GmbHs in das Handelsregister wird

---

[156] § 11 Abs. 2 GmbHG
[157] § 11 Abs. 2 GmbHG
[158] vgl.: Roth in Roth/Altmeppen, GmbHG, § 11 Rz. 75 ff

der Rechtsfigur der Vorgesellschaft aber keine große Bedeutung mehr zukommen.

13. Vorgründungs-Gesellschaft

Dies alles gilt freilich erst mit Vereinbarung der Satzung der GmbH. Zuvor, im sog. „Vorgründungsstadium", wenn sich also z.b. mehrere Gesellschafter vereinbaren, eine GmbH zu gründen, aber die Satzung noch nicht beurkundet wurde, bilden diese Gesellschafter eine „Gesellschaft bürgerlichen Rechts"[159] oder, wenn ein Handelsgewerbe betrieben wird, eine offene Handelsgesellschaft (oHG).[160] Würden sie bereits in dieser ersten Phase gewerblich tätig werden, so wäre diese Tätigkeit nicht der späteren GmbH zuzurechnen. Müßig zu betonen, dass auch hier eine unbeschränkte persönliche Haftung der handelnden Personen besteht; sie folgt bereits unmittelbar aus dem Recht der Gesellschaft bürgerlichen Rechts bzw. der oHG. Der Gründer einer Ein-Mann-GmbH wäre in diesem Stadium als Einzelunternehmer oder Kaufmann anzusehen und würde naturgemäß auch unbeschränkt persönlich haften.

14. Haftungsbeschränkung vor Eintragung

Wer im Rahmen einer Vor-GmbH oder gar im Rahmen einer Vor-Gründungs-GmbH handelt, ist nicht vor der persönlichen Inanspruchnahme geschützt. Er kann freilich darüber nachdenken, in diesem Stadium im Rahmen einer „GbR mit beschränkter Haftung" zu handeln, sofern dies tatsächlich praktikabel ist.[161] Die einzelvertraglich vereinbarte Beschränkung

---

[159] §§ 705 ff BGB
[160] §§ 105 ff HGB
[161] Einzelheiten siehe Kapitel III 2.3

der Haftung auf das Gesellschaftsvermögen ist auch im Rahmen der Vor-GmbH möglich und unter Umständen aufgrund der relativ klaren Haftungsmasse – das Stammkapital der späteren GmbH - sowie des begrenzten Zeitraums jedenfalls dann praktikabel, wenn es sich nicht um ein ausgesprochenes Publikumsgewerbe handelt. Und auch dann kann man die Haftungsbeschränkung zumindest in besonders haftungsträchtigen Geschäftsbeziehungen vereinbaren.

V. KAUF EINER GMBH

Es gibt auch andere Wege zur GmbH als deren Gründung. Im manchen Fällen kann die hierfür benötigte Zeit nicht abgewartet werden, weil das auszuübende Gewerbe (oftmals ist es nur eine große Transaktion) derart haftungsträchtig und risikoreich (z.B. Anlagegeschäfte) ist, dass man sofort des Schutzes der wirksam gegründeten GmbH bedarf. Für den Fall gibt es so genannte Vorratsgesellschaften (gelegentlich auch als „Mantelgesellschaften" bezeichnet)

1. Vorratsgesellschaften

Vorratsgesellschaften sind GmbHs (oder AGs oder – seit einigen Jahren – auch englische „Limiteds") mit standardisierter Satzung, die ohne spezifischen Unternehmenszweck auf Vorrat gegründet wurden. Sie sind bereits im Handelsregister eingetragen und damit voll gegründet. Anstelle der Gründung einer „eigenen" GmbH erwirbt der Käufer die Geschäftsanteile der Vorrats-GmbH und lässt sich diese abtreten, bestellt sich zum Geschäftsführer und ändert Satzung und Unternehmenszweck so, wie er ihn benötigt.

Damit ist natürlich eine Zeitersparnis verbunden, auf der anderen Seite aber auch deutlich höhere Kosten. Der Notar muss zweimal bemüht werden (bei der Gründung und bei der Abtretung) und die durchweg professionellen Anbieter von Vorratsgesellschaften lassen sich ihre Dienste natürlich auch honorieren. Zwar hat zunehmender Wettbewerbsdruck auch hier die Preise in letzter Zeit eher sinken lassen, aber unter dem Strich liegen die Gesamtaufwendungen naturgemäß deutlich höher als im Fall der Eigengründung.

Wer eine vorgegründete GmbH kauft, zahlt zumeist bei Beurkundung des Abtretungsvertrages einen „Kaufpreis" von zurzeit etwa 27.500 Euro.[162] Darin enthalten ist ein Bankkonto der GmbH, auf dem sich das durch die Gründungskosten verminderte Stammkapital befindet. Da die professionellen Anbieter von Vorratsgesellschaften auch die Eröffnungsbilanz der Gesellschaften honorieren lassen, kann es durchaus vorkommen, dass der Kontostand bei lediglich 23.000 Euro einpendelt – bis hierhin hat man also bereits 4.500 Euro weggegeben. Dazu kommen noch die Kosten für die Abtretung des Geschäftsanteils, die (zwingend notwendige) Satzungsänderung, die Abberufung und Neubestellung des Geschäftsführers und die Anmeldung zum Handelsregister. Der Gesamtaufwand beim Notar unterscheidet sich nicht wesentlich von dem einer einfachen Neugründung. Man zahlt also für den Vorteil, von Anbeginn an eine vollwirksame juristische Person zu erhalten, einen Mehrpreis, der sich in Regionen von 4.000 bis 5.000 Euro bewegt.

Hinzu kommt ein wesentlicher weiterer Nachteil: Das Stammkapital muss beim Erwerb einer Vorrats-GmbH immer in voller Höhe von mindestens 25.000 Euro vom Erwerber aufgebracht werden, die Möglichkeit, bei Gründung nur die Hälfte einzuzahlen,[163] besteht faktisch nicht, da der Verkäufer aus Haftungsgründen immer darauf besteht, dass der Übernehmer das gesamte Stammkapital einzahlt. Nur so kann er sich davor schützen, im Fall einer späteren Insolvenz der Gesellschaft persönlich wegen deren Unterkapitalisierung belangt zu werden.[164]

Vereinzelt findet man zwar mittlerweile Anbieter, die auf einen kontierten Nachweis des Stammkapitals verzichten und von einem „Kassenbestand" in Höhe des Stammkapitals ver-

---

[162] siehe etwa die Angebote der FORATIS AG unter *www.foratis.com*

[163] siehe oben Kapitel III 6.1

[164] zu den Grundsätzen der Durchgriffshaftung wegen Unterkapitalisierung siehe im Einzelnen Kapitel III 6.2.2

weisen. Diese Konstruktion soll dazu dienen, Käufer anzulocken, die das Stammkapital nicht bezahlen können. Dass sie im Zweifelsfall nicht funktioniert und vor allem keine Haftungsbeschränkung gewährt, bedarf keiner weiteren Erläuterung.

Hinzu kommt noch, dass nach der Rechtsprechung die (Wieder- oder Erst-) Aktivierung einer unternehmenslosen GmbH wie eine Neugründung zu behandeln ist.[165] Das bedeutet, dass der Käufer auch nach dem Erwerb einer Vorratsgesellschaft alle Formalitäten einer Neugründung über sich ergehen lassen muss und auch wie ein Gründer persönlich für die Kapitalausstattung haftet – mit der einen Ausnahme, dass seine GmbH bereits eingetragen ist und die Haftungsbeschränkung damit wirksam ist.

Dies ist und bleibt daher das entscheidende Kriterium für eine Vorrats-GmbH. Wer hierauf verzichten kann, ist mit einer Eigengründung besser bedient, zumal diese demnächst ohnehin schneller vonstatten geht.

2. Übernahme einer Alt-GmbH

Schließlich kann man auch eine ausgediente GmbH kaufen. Angebote gibt es immer wieder. Viele ausgediente GmbHs werden nach dem Ableben ihres Unternehmens posthum an den Mann gebracht, oft genug für erstaunlich viel Geld. Hier werden gelegentlich Beträge gezahlt, die denen beim Erwerb von Vorratsgesellschaften in nichts nachstehen. Vom Kauf „gebrauchter" GmbHs mit einem früheren Unternehmen (gleich welcher Art) kann nämlich in aller Regel nur abgeraten werden.

---

[165] umstritten, aber gängige Praxis, vgl. OLG Frankfurt GmbHR 1999, 82

Sollte die GmbH Verbindlichkeiten haben (etwa Steuerschulden), so bleiben diese auch nach der Veräußerung bei der Gesellschaft. Außerdem ist oft gar nicht erkennbar, ob auf eine GmbH, die früher einmal werbend tätig war, zukünftig aus dieser Tätigkeit nicht doch noch Ansprüche zukommen (etwa Gewährleistungsansprüche). Das kann oftmals nicht einmal der alte Geschäftsführer abschließend einschätzen. Ist dies aber später der Fall, kann sich der Kauf ganz schnell als Fass ohne Boden erweisen. Regressansprüche gegen den Verkäufer der GmbH helfen da meist nicht weiter. Sie erweisen sich oftmals als wertlos.

Hinzu kommt, dass nach der bereits zitierten Rechtsprechung, wonach die Reaktivierung einer untätigen GmbH einer Neugründung gleichkommt, der Nutzung von steuerlichen Verlustvorträgen heute nur noch in ganz seltenen Fällen gelingt. Wenn Gesellschafter und Unternehmenszweck komplett ausgetauscht bzw. geändert werden, hat sich dieses Thema schon meist von selbst erledigt,[166] so dass vom Kauf einer „gebrauchten" GmbH ohne Geschäftsbetrieb generell abgeraten werden muss.

---

[166] BFH StBl. II 1987, 310; entscheidend ist die „wirtschaftliche Identität"